# 회계의 새로운 지도

시장의 기대와 해법의 탐색

자본시장의 구조와 질서는

빠르게 변하고 있습니다.

하지만 회계는 그렇지 않습니다.

오래된 그자리에서

움직이지 않고 있습니다.

## 추천사

『회계의 새로운 지도』는 회계의 본질을 다시 묻고 미래의 방향을 탐색하는 의미 있는 시도를 합니다. 회계가 당면하고 있는 쟁점을 통해 회계가 직면한 구조적 문제들을 짚어 내며 그 해법을 차분하게 탐색하고 있습니다. 이 책의 특별한 점은 회계가 나아갈 방향을 시장의 기대와 연결하고 있다는 점입니다. 기업의 과거와 현재, 미래를 아우르는 통합보고의 가능성을 제시하며 회계의 미래를 조망합니다.

**최운열** 한국공인회계사회 회장

이 책은 회계의 역할을 통찰력 있게 조망합니다. "왜 회계가 필요한가?"라는 단순한 질문에 대해 진부한 이론이 아닌 시장과 투자자의 절실한 요구를 통해 답합니다. 회계기준의 구체적 조문에 대한 날카로운 비판과 핀셋 해부 역시 흥미롭습니다. 회계의 실무자와 연구자 모두에게 울림을 줄 것입니다.

**권영수** LG그룹 부회장

회계를 숫자가 아닌 의미로 해석하는 책을 만났습니다. 무형자산 보고와 지속가능성 공시의 의미를 투자자의 시각을 통해 설명하는 새로운 접근이 놀랍습니다. 회계의 존재 이유를 다시 묻는 깊은 문제의식이 회계를 앞으로 움직이게 합니다.

**김동욱** 삼성전자 부사장 CFO

『회계의 새로운 지도』는 변화하는 시장 환경 속에서 회계가 나아가야 할 방향을 깊이 있게 보여 줍니다. 실무 현장에서 마주하는 현실적 고민을 차분히 짚으며, 회계가 시장과 소통하려면 무엇이 필요한지 생각하게 합니다. 회계의 본질과 역할, 그리고 미래를 함께 고민하는 리더들에게 새로운 시각을 열어 줄 것입니다.

**윤훈수** 삼일회계법인 CEO

저자는 이 책에서 회계정보가 해결해야 할 당면 과제에 대하여 예리한 질문을 던지며 그 대답을 통해 앞으로 회계가 감당해야 할 역할과 방향을 제시하고 있습니다. 회계가 안고 있는 구조적 문제와 해결을 위한 실마리를 함께 아우르는 보기 드문 책입니다.

**정석우** 고려대학교 교수, 경영학

『회계의 새로운 지도』에는 숫자가 하나도 없습니다. 숫자와 제도 너머의 회계를 이야기합니다. 이 책은 회계를 단순한 기록의 기술이 아니라, 기업 가치와 경제 현실을 해석하는 언어이자 인식 체계로 바라봅니다. 무형자산, 지속가능성, 통합보고 등 회계가 기존의 틀 안에서 설명하지 못한 주제들을, 오랜 현장 경험과 깊은 이론을 겸비한 저자만이 보여 줄 수 있는 새로운 관점에서 풀어냈습니다.

**정도진** 중앙대학교 교수, 경영학

## 감사의 글

이 책은 "현행의 회계가 정보의 전달 장치로서 제대로 작동되고 있는지"라는 의문과 궁금증에서 시작되었습니다. 필자는 그 질문에 대한 답을 찾기 위해 회계가 쉽게 풀지 못하는 몇 가지 과제들을 살펴봤습니다. 그리고 그 결과를 책에 담았습니다.

책에 담긴 내용 중 많은 부분은 필자가 한국회계기준원의 원장으로 재직하며 외부의 전문가들과 진행했던 다음의 연구들에 기초하고 있습니다.

**무형자산의 재무보고 현황(한국회계기준원 2019.5)**
류충렬(KAIST)
송민섭(서강대학교)

**매수법회계처리의 역사 및 영업권의 본질(한국회계기준원 2020.12)**
서영미(영남대학교)

**핵심무형자산 보고서 개념과 설계(한국회계기준원 2021.1)**
정도진(중앙대학교) 박성환(한밭대학교)
김종현(한양대학교) 강평경(서강대학교)
정아름(사회적가치연구원)

**핵심무형자산 보고서 작성 사례(한국회계기준원 2021.1)**

박대준(삼일회계법인)

이왕희(삼일회계법인)

**회계추정에 관한 연구(한국회계기준원 2021.9)**

김문철(경희대학교)

안성희(가톨릭대학교)

황문호(경희대학교)

연구에 참여하여 논점을 정리하고 탁월한 해법을 제시해 주신 모든 교수님들과 회계 전문가 분들께 이 지면을 통해 심심한 감사의 말씀을 드립니다. 특히 쉽지 않은 연구를 맡아 총괄해 주신 경희대학교 김문철 교수님, 카이스트 류충렬 교수님, 중앙대학교 정도진 교수님께는 특별한 감사를 드리며 다소 생소한 요청에도 최고의 결과물을 내주신 삼일회계법인 박대준 대표님과 이왕희 이사님, 영남대학교의 서영미 교수님께도 고마운 마음을 전합니다.

*　　　　*　　　　*

많은 분들의 격려와 지원이 없었다면 이 책의 출간은 가능하지 않았을 것입니다. 필자를 회계제정기구에 붙들어 두고 연구를 독려해 주신 최중경 한국공인회계사 회장님과 곽수근 국제회계기준재단 이사님께 고개를 숙입니다. 두 분이 아니었다면 연구는 엄두도 내지 못했을 것입니다. 연구 과제를 선정하고 연구의 방향을 정하는 데 막강한 도움을 주신 국제회계기준위원회의 서정우 위원님과 한국회계기준원의 장지인 전임원장님께도 큰 감사를 전합니다. 과제도 주시고 많은 조언도 주신 고마운 두 분입니다. 늘

옆에서 어려운 일들을 도맡아 주신 한국회계기준원의 권성수 상임위원님, 박세환 상임위원님, 최현덕 조사연구 실장님, 김재호 실장님, 이웅희 상임이사님께도 감사드리며 6년을 함께한 연구원 모두에게 고개 숙입니다. 책의 내용과 형식을 꼼꼼히 보고 챙겨 주신 문해원 박사님과 강소현 박사님, 원고의 편집을 맡아 엄청 고생하신 김은예 님께도 큰 고마움을 전합니다.

⋆ ⋆ ⋆

필자는 국제회계기준자문포럼(ASAF)위원회에서의 활동을 계기로 재무회계의 주요 이슈들에 깊은 관심을 갖게 되었습니다. ASAF 회의는 국제회계기준(IFRS)의 제정에 관한 현안뿐 아니라 재무회계의 중장기적인 과제들을 안건으로 채택하고 다루어 왔으며 국제회계기준위원회(IASB), 미국 회계기준 제정기구(FASB), 유럽 재무보고 자문그룹(EFRAG)의 전문가들과 함께 발제와 토론을 이어 가고 있습니다. 필자와 한국회계기준원도 연구에 참여했고 그 결과를 해외의 전문가들과 공유해 왔습니다. 필자의 재무회계에 관한 이해와 식견을 깊게 해 주신 IFRS 재단의 얼키(Erkki Liikanen) 이사장님, IASB의 한스(Hans Hoogervorst) 위원장님과 안드레아스(Andreas Barkow) 위원장님, 그리고 수 로이드(Sue Lloyd) 부위원장님께 깊은 감사를 드립니다. 필자와 많은 의견 교환을 했던 프랑스 ANC의 패트릭(Patrick Cambourg) 위원장님과 앤드류(Andrew Watchman) EFRAG 위원장님, 일본 ASBJ의 야스노부(Yasunobu Kawanishi) 위원장님께도 심심한 감사의 말씀을 전합니다.

⋆ ⋆ ⋆

대학을 마칠 때까지 회계에 문외한이던 필자가 "회계의 마을"에 들어온 지 40년이 넘었습니다. 필자를 반갑게 맞아 주신 여러 어른들과 선배님들의 배려로 이곳에 왔고 마법에 걸린듯 지금까지 머물고 있습니다. 불모지나 다름없던 국내에 놀라운 통찰력으로 Global Practice의 큰 그림을 그리시고 실천하신 서태식 회장님과 김일섭 회장님. 필자에게 전문가의 모습을 보여 주고 가르쳐 주신 양승우 회장님, 안경태 회장님, 김용균 대표님. 힘든 고비마다 늘 에너지를 충전해 주시고 방향을 잡아 주신 장경준 선배님과 황성식 선배님. 이 분들을 만나지 못했더라면 필자는 진작에 길을 잃었을지 모릅니다. 필자가 재무회계의 연구에 관심을 갖도록 길을 열어 주고 따뜻하게 지켜봐 준 분들도 계십니다. 정기영 원장님, 임석식 원장님, 송인만 교수님, 김경호 교수님, 이창우 교수님 그리고 최외홍 사장님과 신용인 대표님이 그 분들이십니다. 열정적인 연구와 저술 활동을 이어 오시는 정운오 교수님, 손성규 교수님, 최종학 교수님께는 많은 배움을 얻었고 늘 곁에서 인생 조언을 해 주는 권영수 회장, 한인구 박사, 김영진 회장으로부터는 큰 용기를 얻어 왔습니다. 늘 의지만 했을 뿐 아무런 보답도 드리지 못한 죄송함을 이 책을 내면서 조금 덜 수 있으면 좋겠습니다.

* * *

책을 쓰는 동안 자료를 수집하고 글을 쓸 수 있는 훌륭한 여건을 허락해 주신 삼일회계법인의 김영식 CEO님과 윤훈수 CEO님, 한국회계기준원의 이한상 원장님께도 감사의 말씀을 전합니다. 필자의 영원한 우군인 아내 박영혜님의 든든한 믿음과 가족들의 지지가 있었기에 원고를 마무리할 수 있었습니다. 따뜻한 감사와 사랑을 전합니다.

# 프롤로그

회계는 매우 잘 지어진 구조물입니다. 오래되었지만 튼튼하고 믿을 만합니다. 적어도 지난 100년 이상 기업과 투자자는 회계라는 안정적인 인프라를 이용하여 끊임없이 소통을 이어왔고 서로 간의 신뢰를 유지해 왔습니다. 회계가 없었거나 안정적이지 않았더라면 기업과 투자자 사이의 소통은 더뎠고 신뢰는 구축되지 않았을지 모릅니다. 현재와 같은 자본시장의 모습도 기대하기 어려웠을지 모릅니다.

물론 회계가 완전한 것은 아닙니다. 때로는 고장이나 오작동이 생기고 때로는 구조적인 문제로 동작이 멈추기도 합니다. 다행인 것은 수시로 생기는 문제들 대부분이 연구와 논의를 거쳐 고쳐지고 해소된다는 사실입니다. 하지만 여전히 해결되지 않은 문제들도 있습니다. 좀처럼 답을 찾지 못하는 다소 무거운 과제들 중에서 몇 가지를 골라 이 책에 실어 보았습니다.

## 4개의 과제에 대하여

회계는 당초 "거래의 기록"이라는 비교적 단순한 기능을 수행했습니다. 현금을 매개로 하는 상거래를 기록하는 기능입니다. 하지만 회계의 역할은 바뀝니다. 기업의 경영성과를 보여 주는 "재무보고(Financial Reporting)"의 역할을 맡게 됩니다. 새로운 역할을 맡은 회계는 "현금을 주고받는 교환

거래"와는 성격이 다른 이질적인 활동과 현상들(예: 제품의 생산, 자산의 손상, 분쟁과 손해배상 등)을 마주하게 됩니다. 그리고 이들을 재무보고에 포함시키게 됩니다. 이 책에서 논의하는 4개의 주제는 모두 회계가 이런 현상들을 어떻게 회계정보로 전환해야 하는지에 관한 쟁점들입니다.

## 1. 회계추정: 긴급한 과제

재무회계에서 추정의 역할이 점점 커지고 있다. 추정이 필요한 영역이 넓어지고 추정치의 금액도 커지고 있다. 어쩌면 추정은 이미 회계에서 가장 중요한 영역으로 자리 잡고 있는지도 모른다. 하지만 회계기준은 추정을 소홀히 다루고 있다. 독립된 회계기준서가 없는 것은 물론이고 추정에 관한 정의도, 회계처리를 위한 일관된 지침도 없다. 추정을 둘러싼 오류와 혼선이 발생하고 추정의 남용과 오용 가능성도 커지고 있는데도 말이다. 회계추정의 정의가 포함된 새로운 회계기준서의 제정이 시급하다. 그래야만 추정은 안정을 찾고 회계는 신뢰를 얻을 수 있다.

## 2. 취득법회계: 흔들리는 위상

취득법회계의 정당성이 의심받고 취득법회계를 통해 인식한 영업권의 정체성에 의문이 커지고 있으며 영업권의 사후처리에 관한 실무적인 논란도 지속되고 있다. 사업결합을 자산의 취득으로 보는 취득법회계의 기본 전제도 흔들리고 있다. 특히 주식 교환을 통한 기업결합을 타 기업 자산의 인수와 동일시하는 회계적 인식은 타당성을 잃고 있다. 취득법회계에 대한 근본적인 재검토가 필요하다.

### 3. 무형자산의 보고: 더 이상 미룰 수 없다

기업이 보유한 무형자산의 규모가 비약적으로 커지고 있다. 하지만 물적자산(유형자산)과 달리 무형자산의 대부분은 재무보고에서 누락되고 있다. 무형자산을 포함시키지 않고서 투자자를 위한 유용한 재무보고는 불가능하다. 투자자들의 최대 관심사인 기업가치를 설명할 수 없기 때문이다. 무형자산을 재무보고에 포함시키려는 노력이 없는 것은 아니다. 하지만 모두 실패하고 있다. 무형자산이 중요하지 않던 시기에 만들어진 회계의 기본 원칙들을 무형자산에 대입시키려 하고 있기 때문이다. 기계와 설비와 공장을 인식하기 위해 만들어진 자산의 식별원칙과 측정기준을 무형자산에 적용하려는 것이다. 이 노력은 무모해 보인다. 무형자산을 식별하고 그 가치를 계산하여 투자자에게 보고하기 위해서는 전혀 새로운 원칙의 도입이 필요하다. 새로운 원칙에 기초한 새로운 무형자산의 보고를 기대해 본다.

### 4. 지속가능성 공시: 어디로 가야 할까?

회계제정기구가 지속가능성 공시를 위한 기준을 제정하기 시작하면서 재무회계의 새로운 영역이 열리고 있다. 이미 기준의 제정과 정비는 마무리되었고 조만간 이 기준에 따른 공시가 이루어질 것이며 투자자들은 재무보고를 통해 재무정보와 함께 비재무정보를 제공 받게 된다. 하지만 현행 기준에 따른 지속가능성 공시의 정체성에 대한 의심이 커지고 있다. 투자자들은 현행 기준에 따른 공시가 정말 투자자를 위한 공시인지에 대해 의심하고 있다. 그 중심에 중대성 논쟁이 자리 잡고 있다. 중대성에 관한 입장 정리와 그에 따른 공시 항목에 대한 개선이 없다면 지속가능성 공시는 길을 잃을지 모른다. 투자자의 관심에서 멀어지고 재무보고의 영역을 떠나게 될지 모른다.

## 시장의 기대와 해법의 모색

자본시장의 구조와 질서는 빠르게 변하고 있습니다. 하지만 회계는 그렇지 않습니다. 오래된 그자리에서 움직이지 않고 있습니다.

**회계의 현재 위치는 어디일까?**
**회계는 지금 어디로 가고 있는 걸까?**

상거래의 기록(Bookkeeping)에 머물던 회계의 전통적인 기능은 산업화가 진행되고 계속기업이 등장하면서 달라졌습니다. 돈의 흐름보다는 기업의 활동과 성과에 초점을 맞추게 됩니다. 투자된 돈이 계속기업으로 흘러 들어간 뒤 안전하게 보관되고 있는지, 생산적으로 사용되고 있는지, 지속적인 수익을 내고 있는지 확인하고 보여 주는 재무보고 기능을 떠맡게 됩니다. 그리고 그 역할을 기대 이상 성공적으로 수행해 왔습니다.

회계의 기능과 역할은 지금 또 한 번의 변화를 요구 받고 있습니다. 자본시장을 통한 자금 조달이 보편화되면서 경영에 관여하지 않는 새로운 유형의 투자자들이 대거 등장했기 때문입니다. 경영에 직접 참여하지 않는 금융투자자들은 기업이 제공해 오던 종전의 재무보고에 만족하지 못합니다. 재무제표에 포함된 역사적 원가 정보만으로는 투자 의사결정을 할 수 없다고 합니다. 그 정보만으로는 기업의 현재가치를 알 수 없고 기업의 미래는 더욱이 보이지 않는다고 합니다. 투자자들은 현행의 재무제표에서 얻을 수 없는 더 많은 정보를 요구합니다.

투자자들의 요구는 광범위합니다. 무엇보다 기업의 현재가치에 대한 정보를 요구합니다. 투자의 정당성을 찾기 위해서입니다. 사업과 관련된 미래의 기회와 미래의 불확실성에 관한 분석적 정보도 요구합니다. 투자를 유지하기 위한 전제입니다. 하지만 회계는 아직까지 이 같은 시장의 요구에 응답하지 못하고 있습니다. 경계 이동과 역할 변화에 주저하고 있습니다.

이 책의 내용 중 처음 2개의 장(1장과 2장)은 현행 재무보고 시스템의 취약점에 대한 논의인 반면 3장과 4장에서 다루는 "무형자산 보고"와 "지속가능성 공시"는 바로 시장과 투자자들의 새로운 기대에 대한 응답을 다루고 있습니다. 기업은 "무형자산 보고"를 통해 사업과 관련된 핵심적인 가치를 식별하고 설명합니다. 그리고 그 핵심가치를 금액적으로 측정하여 투자자에게 보여줍니다. 그것이 사업의 현재가치입니다. 기업은 "지속가능성 공시"를 통해 투자자들에게 기업의 미래를 보여줍니다. 다가오는 미지의 불확실성에 맞서 기업이 어떻게 대응할지 보여줌으로써 투자자들의 기대에 부응합니다.

"무형자산 보고", "지속가능성 공시"가 자리를 잡고 전통적인 재무회계와 결합된다면 기업과 기업활동에 대한 "통합보고"가 실현될 수 있으리라 기대합니다. 이 "통합보고"는 기업의 과거와 현재와 미래를 아우르는 종합적이고 입체적인 보고입니다. 하지만 "무형자산 보고"도, "지속가능성 공시"도 아직은 미완성의 과제입니다. 수많은 장애물과 함정을 넘고 건너야 합니다. 길 찾기를 위한 연구와 실험이 지속되어야 합니다.

전통적인 재무회계가 시장의 기대를 신속히 수용하지 못하면서 일각에서는 회계에 대한 불신이 커져 왔습니다. 회계 무용론이 등장한 바도 있습니다. 하지만 회계는 당면한 문제들을 슬기롭게 풀어내고 자본시장의 요구를 당당하게 수용해 나갈 것이라 믿습니다. 회계가 곧 새로운 지도를 만들고 그 지도를 따라 힘찬 항해를 시작하리라 확신하며 글쓰기를 마칩니다.

## 차례

# 1장

# 회계추정

회계는 거래의 기록이다. 의심의 여지가 없다. 기업은 고객이나 납품 업체 또는 금융기관과 금전 거래가 있을 때마다 관련된 사실을 빠짐없이 기록하고 취합한다. 그 기록이 회계가 되고 결국 재무보고가 된다. 그래서 기록의 누락이나 분실은 치명적이다. 방치할 경우 회계는 무너지고 만다.

하지만 회계는 기록만으로 완성되지 않는다. 재무보고가 완성되려면 기록 이외에 추정이라는 또 다른 중요한 과정을 거쳐야 한다. 새로 구입한 기계장치의 수명은 얼마나 될지, 재고자산 중에서 팔기 어려운 불량품이 얼마나 될지는 기록만으로 알 수 없다. 누군가가 판단하고 결정해야 한다. 이 판단과 결정을 '추정'이라고 하며 그 책임은 경영자의 몫이다.

경영자의 판단이 필요한 추정의 사례는 기계장치의 수명이나 불량품의 산정 이외에도 수없이 많다. 회수가 어려운 채권의 금액, 인수·합병을 통해 취득한 영업권의 현재가치, 대형 분쟁에 휘말려 부담해야만 할 손해배상액도 추정을 통해서만 정해진다.

회계추정이 이토록 중요함에도 불구하고, 회계추정은 그에 합당한 주의와 관심을 받지 못하고 있다. 국제회계기준(International Financial Reporting Standards: IFRS)은 그 본문에서 "추정"이라는 용어를 수백 번 언급하고 있다. 그만큼 추정이 빈번히 활용된다는 증거다. 하지만 정작 현행 회계기준은 본문 어디에서도 "추정"을 별도로 정의하고 있지 않다.(개정 K-IFRS 제1001호 '재무제표 표시'에 "회계추정치"의 정의가 포함되어 있지만 그조차도 동의어 반복 수준이다.) 추정이 무엇인지 분명하게 정해 놓지 않았다는 뜻이다. 회계기준은 추정의 유형이나 추정의 방법론에 대해서도 함구하고 있다. 수많은 이유로, 다양한 현상에 대해, 여러 가지 방식의 추정이 사용되고 있음에도, 그 추정이 타당한지 혹은 추정의 방법이 적절한지 판단할 수 있는 근거가 충분하지 않다

추정의 정의가 부재하므로 겪게 되는 실무적 혼선은 두 가지다.

첫째, 언제 어떤 경우에 추정을 해야 하는지를 판단하기 어렵다.

둘째, 어떤 방법으로 추정해야 하는지(할 수 있는지) 정하기 어렵다.

더 큰 문제는 경영진에 의해 추정이 오·남용될 수 있다는 사실이다. 추정은 기록과 달리 경영자의 의지와 주장을 담고 있기 때문이다. 추정이 반드시 필요하지 않은 경우에도 추정을 사용하거나, 극단적인 방법을 이용하여 추정치를 산출할 수 있다.

새로운 기준서를 제정하고 추정의 정의와 방법론을 새롭게 제시함으로써 얻는 가장 큰 혜택은 무엇보다 정보의 신뢰성 재고다. 일관된 원칙하에 이루어진 추정은 임의성이 배제되어 회계정보 이용자에게 신뢰도 높은 정보를 제공한다.

부수적인 혜택도 많다. 그중 하나는 정보 검증의 효율성 제고다. 기업이 작성한 재무제표는 감사위원회와 외부감사인의 검증을 거친다. 그런데 현재의 검증은 기록의 검증과 추정의 검증을 구분하지 않고 있다. 만약 추정에 관한 새로운 기준이 정립되고 재무보고의 검증이 추정의 검증에 집중할 수 있게 된다면 검증의 효율성은 매우 높아질 것이다. 국내 최대의 회계부정 사건 중 하나인 대우조선해양의 회계분식은 "공사진행률" 조작이 핵심이다. 경영진이 시도한 추정치 조작이라는 단순한 부정을 아무도 사전에 발견하지 못한 이유는 "추정"의 중요성에 대한 낮은 인식과 체계적 감시장치의 부족 때문이었다.

회계기준이 추정에 관한 규정을 전면적으로 개선한다면 재무보고의 질적 수준과 신뢰성은 크게 개선될 것이다.

## 제1절
## 재무보고와 회계추정

수천 종류의 스포츠 용품을 생산하는 S사는 제품별 제조원가를 산출하기 위해 복잡한 원가배분 공식을 동원한다. 수많은 가정과 지표들도 활용한다. S사의 제조원가는 매우 정교한 추정치다. S사는 이렇게 산출된 회계추정치(제품별 제조원가)에 따라 손익을 계산했고 지난해 상당한 규모의 이익을 창출했다.

국내 제약사인 P사는 해외의 경쟁사로부터 수조 원에 해당하는 특허 침해의 소송을 당했다. 소송의 결과는 3년 이상 기다려야 하지만 P사는 독립적인 변호사 의견을 참고하여 손해배상액의 추정치를 계산했고 그 결과를 결산에 반영했다. 지난해 P사의 대규모 적자는 손해배상 추정치에 따른 것이다.

재무보고는 거래의 기록만으로 완성되지 않는다. 추정 없이는 재무상태도 경영성과도 확정되지 않는다. 그렇다면 재무보고에서 추정은 어떤 의미이며 어떻게 사용되고 있을까?

## 1-1 회계추정의 의미

### 재무보고의 시작, 측정(Measurement)

모든 보고는 사실의 인지에서 시작된다. 있었던 일을 있는 그대로 인지하는 것이 보고의 시작이란 뜻이다. 사실을 정확하게 인지하지 못하면 보고는 시작조차 할 수 없고 시작한다 해도 실패로 끝난다.

기업의 재무상태나 재무성과를 나타내는 재무보고 역시 사실의 인지에서 시작한다. 다만 재무보고는 단순한 인지만으로는 시작되지 않는다. 인지한 사실을 측정해야만 하기 때문이다. 재무보고는 대부분이 계량화되어 화폐금액으로 표시되기 때문에, 결국 재무보고는 측정에서 시작한다.

### 측정의 수단, 관측(Observation)

측정은 '일정한 양을 기준으로 (같은 종류의) 다른 양의 크기를 재는 것'[1]으로, 수량이나 수치적 정보를 얻는 행위이다. 측정을 위해서는 관측이라는 가장 보편적인 수단이 최우선으로 동원된다.

관측이란, 대상이 되는 사실이나 현상을 직접 보고 그 수량이나 수치, 금액을 확인하는 것이다. 회계에서의 관측은 주로 현금을 수반하는 거래(또는 거래를 위한 계약)의 관측이다. 계약이 성사되거나 거래가 발생하는 경우, 거래 당사자의 진술을 확보하거나 계약서, 거래 증빙을 확인하여 수량과 금액들을 확정하는 것이다. 진술이나 문서를 통한 관측으로 충분하지 않다면, 물품이나 물자를 직접 세는 경우도 있는데, 이것도 관측이다. 관측을 위해서 때로는 도구나 장비(저울, 계량기)를 사용하기도 한다.

재무보고에서 관측을 통한 측정은 매우 흔하고 빈번하다. 원재료나 상품을 구입하는 매입거래의 경우 구매 수량과 단위당 금액이나 총 구매액은 지출 관련 서류를 확인(관측)하여 측정한다. 제품을 판매하는 매출거래의 경우도 판매 수량과 판매 금액에 대한 문서를 확인(관측)하여 측정한다. 인건비는 고용 계약에 의해 임직원에게 지급한 급여 등을 확인(관측)하여 측정하고, 금융 비용은 금융기관에 지급한 이자 금액을 확인(관측)하여 측정한다. 사업활동 후에 남아 있는 재고자산은 재고 수량을 실사를 통해 측정하고 금융기관으로부터의 차입금은 차입 약정서상 금액을 확인(관측)하거나 차입 시 입금된 금액을 확인(관측)하는 방식으로 측정한다.

### 또 다른 측정 수단, 추정(Estimation)

재무보고의 대상이 되는 기업의 활동이나 활동의 결과물 중에는 관측에 의한 측정이 어렵거나 불가능한 경우도 있다. 현금을 수반하는 거래나 계약이 존재하지 않아 관측할 대상이 없는 회계적 사건[2]의 경우, 혹은 관측할 대상은 있지만 현실적으로 관측이 불가능한 경우이다.

첫째, 당초부터 현금성 거래가 존재하지 않는 회계적 사건의 경우에는 관측 자체가 불가능하다. 재고자산의 훼손, 판매 대금을 회수하지 못하는 대손의 발생, 기계장치의 손상, 소송의 진행에 따라 아직 확정되지 않은 피해 보상 등이 여기에 해당한다. 이 경우 관측의 대상인 거래가 존재하지 않고, 계약도 존재하지 않아 관측이 원천적으로 불가능하다. 제품의 생산도 유사한 회계적 사건에 속한다. 관측할 거래나 계약이 존재하지 않는다. 따라서 생산된 제품의 원가나 재공품의 가치 등은 관측을 통해 측정할 수 없다.

둘째, 관측의 대상이 되는 거래나 계약이 존재하지만 물리적인 이유, 또는 경제적인 이유로 계약의 내용을 확인(관측)할 수 없는 경우에도 관측은 불가하다. 대표적으로 계약이나 거래에 관한 문서가 훼손되거나 소멸된 경우를 들 수 있다. 훼손된 문서나 기록을 대신할 이해관계자의 진술이나 조언조차 없는 경우, 거래의 존재를 인정하더라도 관측을 통한 수량과 금액의 측정이 불가하다. 또는 계약은 존재하지만 당초부터 거래의 규모나 계약의 대가를 확정하지 않은 경우도 관측을 통한 측정은 어렵다.(긴급한 요청에 따라서 제품을 납품한 경우 거래는 이루어졌지만, 대가가 확정되지 않아 관측이 불가능하다.)

이처럼 관측이 어렵거나 불가능한 경우, 기업은 관측이 아닌 다른 수단을 통해 측정을 할 수밖에 없다. 관측을 대신하는 대체적 측정 방법이 추정이다.

## 추정의 방법

추정의 사전적 의미는 "미루어 생각하여 판정함"이다.[3] 불확실하거나 불분명한 사실을 직접 확인하는 대신에 관련된 정보나 경험, 통계, 논리 등을 바탕으로 추측하는 것이 추정이다. 추정에는 계량적 추정도 있고, 비계량적 추정도 있다. 숫자를 찾거나 확인하는 것이 계량이므로, 계량적 추정은 "수량이나 수치를 미루어 생각하여 판정함"으로 이해할 수 있다.

계량적 추정은 일상에서 빈번히 활용되며 추정치를 얻기 위한 방법도 다양하다. 시위 인파의 추정이 대표적이다. 추정을 위해서 관련 기관이나 언론사 등은 때로는 항공 사진을 활용하고, 때로는 해당 장소 일대의 통신 현황을 이용하기도 한다. 복권의 당첨 확률을 추정하는 것도 다르지 않다. 정교한 수리공학적인 방법을 동원할 수도 있지만, 주변 사람들의 경험을 듣고 추정치를 정할 수도 있다. 화재로 인한 피해 측정에서도 목격자의 증언으로 추측하는 단순한 추정에서부터, 화재나 재해 보험의 전문가를 활용한 정교한 추정까지 다양한 방법이 동원된다. 물론 그 결과물인 추정치는 사용한 방법에 따라 모두 달라질 수 있다.

## 회계추정의 방법

회계추정도 일반적인 추정과 다르지 않다. 추정을 위해 다양한 방법을 사용할 수 있다. 현행 회계기준서는 회계추정이 필요한 개별적인 상황에 대해 구체적인 지침과 방법들을 제시하고 있다. 추정치를 산출하는 데 필요한 가정과 투입변수(예: 유형자산의 감가상각을 위한 내용연수와 잔존가치) 등도 상세히 규정하고 있다.

감가상각을 위한 방법으로는 정액법, 체감잔액법(정률법 등), 생산량비례법 등을 제시하고 있다. 공정가치의 산출에 대해서는 별도의 기준서가 존재하고, 단계별 및 유형별 추정방법까지 제시되어 있다. 회계기준은 장기도급 공사의 공사진행률이나 충당부채의 추정에 관해서도 구체적인 추정방법을 제시한다.

## 추정의 일반적 방법론

하지만 아쉽게도 회계추정에 대한 일반 규정은 존재하지 않는다. IFRS는 기준서에서 추정을 수없이 언급한다. 본문에서 추정과 추정치라는 용어를 600번 이상 사용하고 있다. 정액법이나 정률법을 사용한 감가상각액의 계산, 재고자산의 순실현가능가치의 산출, 공정가치

평가자산에 대한 공정가치의 산출도 그중 일부다. 하지만 정작 회계기준서는 회계추정을 정의하고 있지 않으며, 회계추정이 무엇인지 분명한 지침을 주고 있지 않다. 어떤 경우에 어떤 이유로 추정할 수 있는지에 대한 뚜렷한 규정이 없으며, 추정을 위해서는 어떤 기법을 쓸 수 있는지에 대해서도 명확한 언급이 없다. 회계추정에 대한 정의 없이 회계추정(치)에 대한 정의만 제시하고 있다. "측정 불확실성의 영향을 받는 재무제표상 화폐금액"(K-IFRS 제1008호 문단 5)이라는 애매한 정의뿐이다.

## 1-2 회계추정의 중요성

### 실무상 중요성

재무보고의 실무를 담당하거나 관리·감독을 수행해 본 사람은 누구나 추정 없이는 재무보고가 불가능함을 알고 있다. 추정이 얼마나 광범위하게 쓰이는지, 재무성과 보고에 얼마나 큰 영향을 미치는지도 알고 있다. 물론 추정이 필요한 영역은 산업마다 다르다. 하지만 산업의 종류를 막론하고, 추정은 기업의 재무성과에 막대한 영향을 미친다.

시설과 장비의 비중이 큰 전통적인 제조업, 특히 장치산업의 경우

가장 중요한 추정 중 하나는 감가상각이다. 감가상각의 방법이나 내용연수에 따라 손익은 크게 흔들린다. 정액법과 정률법 중 어느 방법에 따라 감가상각비를 계산할 것인지, 내용연수를 몇 년으로 하고 잔존가치를 얼마로 측정할 것인지에 따라 재무성과는 크게 영향을 받는다.

장치산업이 아닌 경우도 추정의 영향은 크다. 도·소매업의 경우, 재고자산의 순실현가치 하락이나, 거래처의 대손율을 추정해야 한다. 그리고 그 결과는 손익에 큰 영향을 미친다. 금융기관의 손익을 가장 크게 좌우하는 것은 충당금이며 충당금은 전형적인 추정의 결과물이다.

건설 공사나 선박 제조 등 장기도급업의 경우, 공사진행률의 추정이 무엇보다 중요하다. 보험상품을 판매하는 보험업의 경우, 할인율을 비롯한 다양한 보험수리적 가정을 적용하여 보험부채를 추정해야 한다. 바이오나 제약업의 경우도 연구개발비의 자본화를 위해서는 추정이 필요하다.

### 회계추정의 범위

재무보고에서 추정은 매우 광범위하게 활용되고 있다. 재무제표상 가장 일반적이고 보편적인 항목인 매출채권, 재고자산, 유형자산의 장부금액 등은 모두 관측만으로도 집계가 가능하다고 생각한다. 하지만 이들은 추정이 없으면 확정이 불가능한 항목들이다. 매출채권의 장부금액은 기대신용손실, 재고자산의 장부금액은 순실현가능가치, 유형자산의 장부금액은 감가상각, 자산손상들이 각각 포함되어 있는데, 이들은 모두 추정의 결과다.

유가증권이나 투자자산의 경우에도 추정은 필수적이다. 유가증권의 평가에 사용되는 공정가치는 대표적인 추정치[4]이고, 시장성 없는 투자자산의 평가에도 많은 추정치가 필요하다. 기업의 손익에 절대적인 영향을 미치는 충당부채 혹은 우발부채는 그 자체가 추정치다. 제조기업이 손익을 계산하려면 제조원가와 매출원가를 산출해야 하는데 제조원가와 매출원가는 매우 복잡한 추정을 거치지 않으면 산출이 불가능한 추정치이다.

재무보고에 포함된 계정 중에는 추정이 불필요해 보이는 항목도 있다. 현금, 예금 등이 그렇다. 실제 이 계정들은 관측만으로도 측정이 가능하다. 통장이나 거래증서 등을 입수하고 내역을 확인만 하면 된다. 하지만 예금이나 차입금과 관련된 이자의 계산에는 다소간의 추정이 필요하다.

### 경영진의 판단

관측을 통한 측정과 달리 회계추정을 통한 측정은 경영진의 판단이 필요한 과정이다. (앞서 언급한 바와 같이) 매출과 매출채권, 재고자산과 유형자산, 충당부채와 우발부채들은 모두 단순한 거래 기록의 결과물이 아니다. 모두 추정의 결과물인 추정치거나, 최소한 부분적으로 추정치를 반영한 금액이다. 이들 추정치를 얻기 위해서는 누군가의 판단과 결정이 불가피한데, 이 결정의 주체는 기업의 경영진이다.

경영진은 추정을 위해 판단과 선택을 한다.(이 판단과 선택은 때로는 객관적이지만 때로는 주관적이다.) 경영진이 선택한 추정의 기법이나 추정을 위한 가정에 따라 추정치는 크게 달라질 수 있다. 그리고 그에 따라 재무성과도 크게 출렁인다. 결국, 추정을 위한 경영진의 의사결정은 기업의 재무성과에 절대적인 영향을 미친다.

## 추정의 영역 확대

회계가 (현금 지출을 수반하는) 거래의 기록이라는 전통적인 역할만으로도 충분했던 과거에는 회계추정이 그다지 필요하지 않던 과정(절차)이나. 회계는 현금의 수시반을 기록함으로써 완성되었다. 하지만 회계가 기업의 재정 상태와 기간별 손익을 산출해 내는 역할을 하게 되면서, 회계추정은 피할 수 없는 중요한 절차가 되었다. 시설과 장비에 대한 대규모 투자, 점차 복잡해지는 제품의 생산, 빈번해지는 타 기업의 인수와 합병 등으로 회계추정의 범위와 빈도는 점차 커지고 높아지고 있다.

## 제2절
## 회계추정에 관한 혼란

재무보고의 과정에서 회계추정의 역할이 이렇게 크고 중요함에도 불구하고, 회계기준은 추정을 정의하고 있지 않다. 추정의 허용 범위 추정의 방법론 등 추정에 대한 일반적이고 포괄적인 규정도 두고 있지 않다.

회계기준은 추정의 정의 대신에 추정(치)의 정의를 제시하고 있다. 하지만 추정이 무엇인지 밝히지 않은 상태에서 추정(치)의 정의는 의미가 없고 제시된 정의조차 혼란스럽다.

### 2-1 회계추정의 정의 부재로 인한 혼란

회계기준은 재무보고를 위해서 회계추정이 필요함을 인정하고 있다. 추정과 관련된 규정도 많다. 그러나 정작 회계추정이 무엇인지 설명하거나 정의하고 있지 않다. 그로 인한 혼란이 매우 크다.

## 추정과 추정이 아닌 것의 구분 불가

"감가상각비의 계산"은 대표적인 추정이다. 회계기준은 관측으로는 측정할 수 없는 감가상각비를 산출하기 위한 방법으로 정액법과 체감잔액법(정률법 등) 등을 제시하고 있다. 내용연수나 잔존가치의 결정을 위한 지침도 제시한다. 기업은 회계기준이 제시한 방법 중 하나를 선택하고 합리적으로 결정된 내용연수와 잔존가치를 적용하여 "감가상각비를 산출"한다. 이 과정이 대표적인 추정이다.

많은 사람들은 판매된 "재고자산의 단위원가 계산"도 추정이라고 착각한다. 구입 당시의 실제 원가를 관측하는 대신에 편의상 선입선출법, 평균법(가중평균법, 총평균법) 등의 방법을 선택하고 적용하여 산출하기 때문이다. 하지만 "재고자산의 (단위)원가 산출"은 추정이 아니다. 실측(관측)하는 대신에 회계기준이 제시하는 방법들 중 하나를 선택하고 그에 따라 원가를 추론하는 과정이 감가상각비의 산출과 다르지 않지만, 회계기준은 이를 추정으로 보고 있지 않다.

**【참고】** 재고자산의 단위원가는 관측으로도 측정이 가능하다. 개별법을 적용한다면 입고되는 개별 재고의 단가를 구입 단위별로 관리하고 기록함으로써 확인(관측)할 수 있다. 하지만 회계기준은 단위원가의 산출 시 개별법 이외에 선입선출법이나 평균법 등을 허용하고 있다. 선입선출법이나 평균법을 통해 단위원가를 산출하는 것은 관측에

의한 측정이 아니고 추정에 의한 측정임이 분명하다. 하지만 회계기준은 재고자산의 단위원가결정 방법의 선택을 추정이 아닌 '회계정책의 선택'이라고 규정하고 있다.[5] 이는 감가상각을 위한 정액법이나 정률법을 회계추정의 방법으로 규정하고 이에 따라 산출된 감가상각비를 추정치로 본 회계기준의 입장과는 크게 다르다.

### 추정의 방법론 부재

추정의 정의 부재로 인한 혼란 중 하나는 언제 추정을 할 수 있는지 판단할 수 없는 것이다. 관측할 수 없는 경우 추정은 불가피하다. 하지만 관측에 의한 측정이 가능함에도 추정이 허용되는지는 불확실하다. 더 중요한 문제는 추정이 허용되는 경우 어떤 방법으로 추정을 해야 하는지 지침이 없다는 사실이다. 제조업을 영위하는 기업에게 완성품의 제조원가는 추정을 통해서만 산출이 가능하다. 하지만 현행의 회계기준은 제품의 제조원가 계산이 추정이라고 명시하지도 않을 뿐 아니라 제조원가를 추정하는 방법에 대해서도 언급하고 있지 않다.

### 추정 변경의 정의 부재

"추정의 변경"이란 추정을 위한 가정의 변경 또는 추정을 위한 방법의 변경을 뜻한다. 추정의 변경, 즉 "추정을 위한 가정이나 방법의 변경"은 함부로 할 수 없다. 변경을 통해 정보의 유용성이나 신뢰성이 제고되는 경우에만 가능하다. 그렇기 때문에 "추정의 변경"은 명쾌하게 정의되어야 한다.

그런데 현행 회계기준은 "추정"뿐만 아니라 "추정의 변경" 또한 명확히 정의하고 있지 않다. 추정의 정의가 없으니 추정의 변경도 정의를 할 수 없었던 것으로 이해된다. 회계기준은 추정의 변경을 정의하는 대신에 추정(치)의 변경을 정의하고 있다. 회계추정(치)의 변경이란 추정을 위한 가정이나 방법의 변경뿐 아니라 시간의 경과에 따른 추정 결과의 변화(예: 시간 경과에 따른 대손액의 증가)까지 포함하는 매우 포괄적인 것으로, 별도의 정의가 필요하지 않은 개념이다.

## 2-2 회계추정(치)의 정의

현행 회계기준은 회계추정을 정의하고 있지 않다. 반면에 "회계추정(치)"과 "회계추정(치)의 변경"에 많은 지면을 할애하고 있다.

### 추정(치)와 추정(치) 변경의 정의

K-IFRS 1008호는 "회계추정(치)"를 "측정 불확실성의 영향을 받는 재무제표상의 화폐금액"으로 정의한다. 한편, "회계추정(치)의 변경"을 "자산과 부채의 평가액을 조정하는 것"으로 정의한다. 그리고 회

계추정(치)의 변경을 회계처리하는 방법에 대해 소상히 설명하고 있다(K-IFRS 제1008호 문단 34~40).

회계기준서가 회계추정에 대해 함구하면서도 회계추정(치)를 정의하고 회계추정(치)의 변경을 정의하고 있는 이유는 분명하지 않다. 다만, 회계추정(치)의 변경을 회계정책의 변경과 실무적으로 구분하기 위한 절박함 때문이라고 추측한다.

회계추정(치)의 변경과 회계정책의 변경은 기존의 회계처리 방법을 바꾼다는 유사점을 갖고 있지만, 구체적 회계처리 방법은 매우 다르다. 회계추정(치)의 변경은 전진적으로 처리하는 반면, 회계정책의 변경은 선택한 정책을 과거로 소급하여 처리한다. 회계정책 변경의 경우 변경의 효과를 소급적용하여 과거의 재무제표에도 반영한다(K-IFRS 제1008호 문단 7~31).

회계추정이 무엇인지 정의하지 않은 채 "회계추정(치)"를 정의하고 "회계추정(치)의 변경"을 정의한 사실은 이해하기 어렵다. "측정불확실성의 영향을 받는 재무제표상의 화폐금액"과 "자산과 부채의 평가액 조정"이라는 동의어 반복에 가까운 정의를 제시한 것은 더 이해할 수 없다.

### 추정(치) 변경과 오류의 수정

과거에 제공된 회계정보가 잘못되었을 때 이를 고치는 것을 '오류수정'이라고 한다. 오류수정이란 그 성격상 과거의 잘못을 소급해서 바로잡는 일이기 때문에, 수정의 효과를 과거 기간의 연도별로 계산한 후 소급해서 반영하는 방식으로 회계처리한다.

회계추정(치)는 여러 가지 이유로 바뀔 수 있다. 단순한 시간의 경과로 인한 변동도 있고(예: 대손발생액의 변동), 추정에 관한 가정이나 추정방법의 변경으로 인한 변동도 있다. K-IFRS 1008호가 의도한 "추정(치) 변경"은 후자, 즉 가정의 변경이나 추정방법의 변경에 의한 추정치 변경임이 분명하다. 하지만, 회계추정(치)의 변경에 관한 기준서의 서술(K-IFRS 제1008호 문단 34)은 분명하지 않다.

가정이나 추정방법의 변경으로 인한 추정(치)의 변경 중에는 오류수정의 성격을 가진 추정(치)의 변경도 있다. 추정(치) 변경이 당초의 가정이나 당초 선택한 추정방법에 오류가 있어서 이를 수정하기 위해 변경하는 것이라면, 그 추정(치) 변경은 오류의 수정이 될 수 있다.

현행 회계기준서(K-IFRS 1008호 문단 34)는 새로운 정보의 획득, 새로운 상황의 전개, 추가 경험의 축적 등을 (오류수정이 아닌) 정상적인 추정(치) 변경의 조건으로 제시하고 있다. 매우 추상적인 조건이다.

추정(치)의 변경이 정상적인 추정(치)의 변경인지 오류수정에 해당하는 추정(치)의 변경인지를 구분하기 위해서는 회계추정이 무엇인지, 어떤 경우에 허용되고 어떤 방식으로 허용되는지부터 규정되어야 한다. 그래야만 회계추정의 정당한 변경과 당초부터 잘못된 (허용되지 않는) 추정에 대한 사후적인 수정을 명확히 구분할 수 있을 것이다.

현재의 회계기준은 이에 관한 아무런 지침도 제공하고 있지 않다.

## 2-3 회계기준 개정의 실패

IFRS를 제정하는 기구인 국제회계기준위원회(International Accounting Standards Board: IASB)는 2017년에 회계추정의 정의를 도입하기 위한 검토를 진행한 바 있다. 회계추정에 관한 명쾌한 지침이 필요하다는 이해관계자들의 지속적인 요구를 수용한 것이다. 그러나 상당한 연구와 검토를 진행한 뒤에도 회계추정의 정의를 도출하는 데 실패했고 결국 회계추정의 정의는 여전히 부재 상태다.

### ESMA의 요청에 따른 기준서 검토

2013년 유럽증권시장감독청(The European Securities and Markets Authority: ESMA)이 IASB에 공식적인 요청을 하면서 회계추정의 변경

과 회계정책의 변경을 구분하는 검토 작업이 시작된 바 있다. ESMA의 요청에는 정책의 변경인지 추정의 변경인지를 판단하기 어려운 다음과 같은 "회계 변경"의 예시들이 여럿 포함되어 있었다.

- 금융부채 자기신용위험의 측정방식 변경
- 확정급여채무의 할인율 결정에 사용되는 회사채 바스켓 변경
- 금융자산 손상 기준의 변경
- 재고자산 원가흐름 가정의 변경

## 2017 개정 공개초안 발표

2017년 9월 IASB는 회계추정에 관한 공개초안(Exposure Draft: ED)을 발표했다. 동 공개초안에는 회계정책의 정의에 대한 부분적 개정이 포함되어 있었고, 과거 기준서에는 없던 회계추정의 정의도 포함되어 있었다.

동 공개초안은 추정을 "재무제표의 항목이 추정 불확실성 때문에 정확히 측정될 수 없는 경우 회계정책을 적용하는 데 사용된 판단이나 가정(Accounting estimates are judgements or assumptions used in applying an accounting policy when, because of estimation uncertainty, an item in financial statements cannot be measured with precision)"이라고 정의했다. 하지만 공개초안의 정의는 "회계정책의 변

경과 회계추정의 변경을 구분하는 데 도움이 되지 않을 뿐 아니라 정의 자체가 모호하다"는 평가를 받고 채택되지 않았다.[6]

## 2021년의 개정

2017년의 공개초안은 이후 4년간의 검토 과정을 거쳐 2021년 2월 IASB의 IAS 8의 개정에 반영되었으나, 동 개정안에는 당초 제시된 추정의 정의는 포함되지 않았다.

2021년 개정의 중요한 내용은 다음과 같다.

- 회계추정치를 "측정 불확실성의 영향을 받는 재무제표상의 화폐금액"으로 정의함.
- "새로운 정보나 상황의 변화에 의한 추정방식과 투입변수의 변경은 오류수정이 아님"을 명시함(K-IFRS 제1008호 BC44).
- 가정, 판단, 측정기법, 투입변수 등 회계추정치 개발에 필요한 요소로 열거함.

# 제3절
# 현행 기준서의 한계

회계추정에 관한 지침과 예시는 많은 개별 기준서에 산재해 있다. K-IFRS 제1002호 '재고자산', 제1016호 '유형자산', 제1038호 '무형자산', 제1036호 '자산손상', 제1037호 '충당부채, 우발채무, 우발자산', 제1028호 '관계기업과 공동기업에 대한 투자', 제1109호 '금융상품', 제1103호 '사업결합'에서의 공정가치 등이 그것이다.[7] 공시에 관한 기준서인 K-IFRS 제1001호 '재무제표 표시'도 추정에 관한 규정을 제시하고 있다. 하지만 이들 기준서 어디에도 추정의 정의는 없고 어디에서도 추정의 본질이 무엇인지 밝히고 있지 않다.

## 3-1 K-IFRS 제1008호

K-IFRS 제1008호는 '회계정책, 회계추정치 변경과 오류'에 관한 기준서다. 비록, 이 기준서에 회계추정의 정의는 없지만 회계추정과 관련된 많은 규정이 포함되어 있고 "회계추정(치)"의 정의와 "회계추정(치)의 변경"에 대해서도 규정하고 있다.

## 기준서의 주요 내용

■ 문단 5

□ 회계추정치(estimates)란 측정 불확실성(measurement uncertainty)의 영향을 받는 재무제표상의 화폐금액이다.[8]

■ 문단 32 및 32A

□ 회계정책은 직접 관측할 수 없어 추정해야만 하는 항목들을(도) 화폐금액으로 측정하도록 요구할 수 있다.

□ 이때 회계추정치를 개발한다.[9]

□ 회계추정치의 개발은 판단과 가정을 수반한다.

□ 회계추정치를 개발하기 위해서는 측정기법이나 투입변수가 필요하며 측정기법에는 추정기법과 평가기법이 포함된다.

■ 문단 33

□ 합리적 추정은 재무제표 작성에 필수적이다.

□ 합리적 추정은 재무제표의 신뢰성을 손상시키지 않는다.

## 기준서의 한계

현행 K-IFRS 제1008호는 회계추정과 관련된 복수의 규정을 제시하고 있지만, 다음과 같은 한계를 가지고 있다.

첫째, 추정의 정의를 누락하고 있다.

K-IFRS 제1008호 문단 33은 회계추정을 언급하고 있지만, 회계추정이 무엇인지 정의하고 있지 않다. 추정이란 측정의 수단 중 하나이며 관측을 통한 측정이 불가한 경우 대체수단으로 사용되는 측정방법이다('재무보고를 위한 개념체계' 문단 6.4~6.22). K-IFRS 제1008호는 이런 분명한 사실을 추정의 정의를 통해 밝혀야 한다. 추정의 본질에 대한 이해를 바탕으로 추정의 원칙, 추정의 방법, 추정을 위한 가정 등도 규정해야 한다.

K-IFRS 제1008호는 몇 차례의 개정을 거치면서도 추정의 정의를 도입하지 못했다. 대신에 추정의 결과물인 추정치(estimates)의 정의만을 제시하고 있다. 추정이 무엇인지 밝히지 않은 상태에서 추정치의 정의는 혼란스럽다.

둘째, 해독하기 어려운 표현을 과도하게 사용한다.

현행 기준서는 추정치란 "측정 불확실성의 영향을 받는 재무제표상의 화폐금액"이라는 이해하기 어려운 표현을 사용하고 있다.[10] 이해하기 어려운 표현은 계속된다. "회계정책은 직접 관측할 수 없어 추정해야 하는 재무제표 항목을 화폐금액으로 측정하도록 요구할 수 있다"라고 서술한다(K-IFRS 제1008호 문단 32).

셋째, 별도의 정의가 없는 용어 등을 사용한다.

K-IFRS 제1008호에는 측정기법, 추정기법, 평가기법, 투입변수 등의 용어가 사용되고 있다. 이들은 추정치를 산출하기 위해 필요한 개념으로 생각되지만 정의되거나 설명되지 않은 용어들이다.

### 개정 전의 기준서(2021년 이전)

K-IFRS 제1008호는 2021년에 개정되었다. 개정 이전의 기준서의 문단 32는 추정에 관해 다음과 같이 서술한 바 있다.

> "재무제표의 많은 항목들은 정확히 측정될 수 없고 추정될 수 밖에 없다. 정확히 측정될 수 없는 이유는 사업활동에 내재된 불확실성 때문이다."

동 서술은 "재무제표를 작성하기 위해서는 정확한 측정이 필요한데, 정확한 측정이 가능하지 않은 항목들이 많다. 이 경우 측정을 하는 대신에 추정을 하게 된다. 정확한 측정이 가능하지 않은 이유는 사업활동에 내재된 불확실성 때문이다"로 이해할 수 있다.

이 서술은 여러 가지 비판에서 자유롭지 못했다.

첫째, "정확한 측정"이라는 매우 불분명한 개념으로 혼란을 일으켜 왔다. 정확한 측정과 정확하지 못한 측정은 구분할 수 없다.

둘째, 측정 대신에 추정을 한다는 표현으로 측정과 추정을 동일한 수준으로 이해하는 실수를 했다. 추정은 측정의 수단 중 하나임을 고려하면 동 서술은 명백한 오류다.

셋째, 측정이 불가하여 추정을 하는 이유를 "사업활동의 불확실성"으로 설명한다.(가장 치명적인 오류로 회계기준의 신뢰성을 떨어뜨린 바 있다.) 측정의 방법으로 추정을 하는 이유가 사업의 불확실성과 조금도 관련이 없음은 명백하다.

다행히 K-IFRS 제1008호는 2021년에 개정되었고 문단 32의 상기 서술은 2021년 삭제되었다.

## 3-2 K-IFRS 제1001호

K-IFRS 제1001호는 공시에 관한 기준서다. 동 기준서는 공시와 관련된 여러 규정들로 구성되어 있는데 회계추정에 관한 공시도 일부 포함되어 있다(K-IFRS 제1001호 문단 125~133). 특히 문단 126과 문단 129는 추정이 필요한 경우의 예(문단 126 참조)와 추정과 추정 불확실

성에 관한 공시의 사례(문단 129 참조)를 제시하고 있다.

## 기준서의 주요 내용

■ 문단 125

□ 주석은 미래에 대한 가정과 보고기간 말의 추정 불확실성에 대한 기타 주요 원천에 대한 정보를 공시한다.[11]

□ 가정과 추정 불확실성에 대한 기타 주요 원천은 다음 회계연도에 (자산과 부채에) 중요한 조정을 일으킬 수 있는 유의적인 위험을 내포하므로, 다음 사항들을 주석으로 기재한다.

– 영향을 받을 자산과 부채의 성격

– 보고기간 말의 장부금액

■ 문단 126

□ 일부 자산과 부채의 장부금액은 불확실한 미래 사건이 보고기간 말에 미치는 영향을 추정하여 결정해야 한다.[12]

■ 문단 127

□ 문단 125의 가정과 추정 불확실성에 대한 기타 원천은 경영진에게 복잡한 판단을 요구하는 추정치와 관련이 있다.[13]

□ 불확실성에 대한 미래 해소 가능성에 영향을 주는 변수와 가정이 증가할수록 판단은 더욱 복잡해진다.[14]

■ 문단 129

□ 문단 125의 공시사항은 경영진이 내린 판단을 재무제표 이용자가 이해하는 데 도움을 줄 수 있도록 표시한다. 공시의 예는 다음과 같다.

- 추정 불확실성의 성격과 가정
- 계산에 사용된 방법
- 가정에 따른 민감도
- 불확실성의 해소 방안과 가능성

## 기준서의 한계

K-IFRS 제1001호는 다음을 포함한 한계를 가지고 있다.

첫째, 일반 원칙을 제시하고 있지 않다.

K-IFRS 제1001호는 "추정에 대한 공시의 일반 원칙"을 제시하고 있지 않다. 재무보고에서 회계추정이 차지하는 막중한 비중을 고려할 때, 중요한 회계추정에 대한 일관된 공시는 필수적이다. 이를 위해서는 추정에 관한 공시의 일반 원칙이 필요하다.

K-IFRS 제1001호는 문단 117 이하 복수의 문단을 통해 "회계정책에 대한 공시의 일반 원칙"을 상세하게 제시하고 있다. 이와 동일한

맥락에서, K-IFRS 제1001호는 "추정에 관한 일반 원칙" 또한 제시해야 한다.

둘째, 불분명한 용어를 다수 사용하고 있다.

K-IFRS 제1001호는 '미래에 대한 가정', '보고 기간 말의 추정 불확실성', '불확실한 미래 사건', '미래 해소 가능성' 등의 용어를 사용하고 있다. 하지만 그 용어가 무슨 뜻인지 정의되어 있지 않고, 설명도 없다.

셋째, 용어를 잘못 사용하고 있다.

기준서 1001호는 '추정 불확실성'이라는 용어를 지속적으로 사용하고 있다. 재무보고를 위한 개념체계가 회계추정이 필요한 상황을 "추정 불확실성"이 아닌 "측정 불확실성"으로 규정하고 있다. 두 용어 사이의 관계와 차이에 대한 설명이 필요하다.

## 제4절
## 회계추정의 새로운 정의

회계추정에 관한 혼란을 없애고 추정의 남용이나 오용을 막으려면 회계추정의 정의가 제시되어야 한다. 이 절에서는 재무보고를 위한 개념체계를 근거로 회계추정의 정의를 제시해 본다.

### 4-1 개념체계와 추정

재무보고를 위한 개념체계에는 추정의 본질인 측정 불확실성과 추정의 필요성 등이 포함되어 있다.

#### 재무보고를 위한 개념체계

재무보고를 위한 개념체계는 회계기준의 일부는 아니다. 하지만 회계기준의 제정에 관한 기본 개념을 제시하는 중요한 문헌이다. 2019년에 개정된 '재무보고를 위한 개념체계'는 측정과 측정 불확실성과 관측 등의 개념을 다음과 같이 서술하고 있다.

■ 개념체계 문단 2.19

□ 재무보고서의 화폐금액을 직접 관측할 수 없어 추정해야만 하는 경우에는 측정 불확실성이 발생한다. 합리적인 추정치의 사용은 재무정보의 작성에 필수적이다. 추정치가 명확하고 정확하게 기술되고 설명되면 정보의 유용성은 유지된다.

■ 개념체계 문단 5.19

□ 자산이나 부채를 인식하기 위해서는 측정을 해야 한다. 많은 경우 측정은 추정되어야 하며, 따라서 측정 불확실성의 영향을 받는다. 합리적인 추정치의 사용은 재무정보 작성의 필수적인 부분이며, 추정치를 명확하고 정확하게 기술하고 설명한다면 정보의 유용성은 유지된다.

이상의 문단들이 회계추정이나 회계추정치가 무엇인지를 정의하고 있는 것은 아니다. 하지만 재무보고상 기본적인 개념인 "회계측정"과 "측정 불확실성", 그리고 측정을 위한 보편적인 방법인 "관측" 등이 무엇인지, 그리고 이들 간의 상호관계는 무엇인지 비교적 명쾌하게 설명하고 있다.

## 개념체계상 추정이란

개념체계의 규정에 따르면 회계추정에 관해 다음과 같은 진술이

가능하다.

첫째, 자산이나 부채를 인식하고 이를 보고하기 위해서는(재무보고를 위해서는) 반드시 측정의 과정을 거쳐야 한다.

둘째, 측정의 가장 보편적인 방법은 관측이다.

셋째, (그런데) 관측의 방법으로 측정이 불가능한 경우가 있다. 이런 상황을 측정 불확실성이라고 정의한다.

넷째, 측정 불확실성이 발생하더라도 측정을 하지 않으면 보고는 이루어질 수 없으니, 관측이 아닌 대체적 방식으로 측정을 할 수밖에 없다. 대체적 측정방법 중 하나가 추정이다.

## 측정 불확실성, 추정의 본질

추정이 필요한 근본적인 원인은 측정 불확실성이다. 재무보고의 개념체계에 의하면 측정 불확실성이란 관측이 불가능한 상황이며, 관측이 불가능한 측정 불확실성 아래에서는 추정을 해야 한다는 것이다. 그렇다면 관측이 불가능한 경우란 어떤 경우인가? 관측이 불가능한 경우를 확인하는 것이 추정의 본질을 찾는 중요한 단서가 된다.

하지만 불행하게도 회계기준은 물론이고, 개념체계도 이에 대한 대답을 제시하고 있지 않다. 어떤 경우 관측이 불가한지 명시적인 언급이 어디에도 없다. 회계추정의 사례를 통해 유추할 수 있을 뿐이다.

## 측정 불확실성, 관측 불가와 그 원인

몇 가지 추정의 사례를 통해 관측 대신에 추정을 하는 이유를 살펴보면 다음과 같다.

**■ 추정의 사례**

다음은 회계기준에 예시되어 있는 대표적인 추정들이다.

□ 기계장치의 감가상각비 추정

□ 제품 생산에 따른 제조원가 추정

□ 장기공사의 공사진행률 추정

□ 피소송사건에 관한 손해배상액 추정

□ 매장된 자원의 수량 추정

□ 분쟁지역 내 재고자산의 가액 추정

**■ 관측 불가의 원인 분석 1**

많은 경우 관측이란 현금의 흐름을 관측하는 것이다. 현금흐름을 수반하지 않는 회계적 사건의 경우 관측할 대상이 존재하지 않아 관측이 불가하다. 관측이 원천적으로 불가능한 경우, 추정은 필수적이다.

□ 감가상각은 계약이나 거래를 수반하지 않는 회계적 사건이다.

□ 현금흐름을 수반하지 않는다. 제품의 생산 역시 현금흐름을 수반하지 않는 기업 내부의 프로세스일 뿐이다.

□ 장기공사의 경우 공사의 진행 정도에 따라 공사 수익을 인식하는데, 공사 진행의 정도 역시 현금흐름에 의한 측정(관측)이 불가하다.

**■ 관측 불가의 원인 분석 2**

피소송사건에 관한 손해배상액 추정은 감가상각액의 추정이나 제조원가의 추정, 공사진행률의 추정과는 성격이 다른 예측적 성격의 추정이다.

□ 피소송사건에 관한 손해배상액은 시간이 경과하여 소송사건에 대한 판결이 나면 현금흐름이 확정되어 관측이 가능해진다. 다만, 결과가 확정되지 않은 현재로서는 관측이 불가능하므로 추정에 의존할 수밖에 없다.

**■ 관측 불가의 원인 분석 3**

자원의 매장량이나 분쟁지역 내의 재고자산 장부금액 추정은 이상 두 가지 추정과는 다른 이유에서 사용되는 추정이다. 이들 수량이나 금액은 현재 시점에서도 원칙적으로 관측이 가능하다. 하지만 과도한 비용 부담이나 잠재적 위험 등 실무적인 이유로 관측을 대신해 추정을 하는 상황을 말한다.

□ 매장량의 추정은 절대적인 비용을 줄이기 위한 목적의 추정이다.

□ 분쟁지역 내의 재고자산 추정은 물리적인 접근 불가능성으로 인한 추정이다.

## 관측 불가의 세 가지 유형

상기 분석에 따르면 관측 불가는 다음 세 가지 원인 때문에 발생한다.

■ **원인 1: 원칙적으로 관측이 불가한 경우**

현금흐름을 수반하는 거래나 계약이 없으므로, 관측의 대상이 존재하지 않음.

■ **원인 2: 사전적으로 관측이 불가능한 경우**

관측 대상이 존재하고 일정한 시간이 경과하면 현금흐름이 확정되어 관측이 가능하지만, 현재로서는 관측이 불가.

■ **원인 3: 관측이 가능하지만 추정을 택하는 경우**

관측의 대상이 존재하고 현재에도 관측이 가능하지만 물리적·시간적 이유로 관측 대신 추정을 택하는 경우.

## 4-2 추정의 새로운 정의

개념체계에 제시된 추정과 측정 불확실성, 관측 등에 관한 진술을 종합하여 회계추정과 측정 불확실성을 정의하고 추정에 관한 일반 원칙을 제안해 본다.

### 회계추정의 정의(제안 A)

■ **회계추정**

"회계추정이란 재무제표를 구성하는 특정 항목을 화폐금액 등으로 산출(측정)함에 있어 관측을 통한 측정이 가능하지 않을 때(측정 불확실성) 사용하는 대체적인 측정 수단."

### 측정 불확실성의 정의(제안 B)

■ **측정 불확실성**

"측정 불확실성이란 재무제표 항목을 관측의 방법으로 측정할 수 없는 상황"을 말한다.

■ **측정 불확실성의 발생 원인**

"측정 불확실성의 발생 원인은 다음의 세 가지"를 포함한다.

– 원천적으로 관측이 불가능한 경우

– 사전적으로 관측이 불가능한 경우

– 관측이 가능하지만 추정을 택하는 경우

## 추정의 일반 원칙(제안 C)

### ■ 관측치 우선의 원칙

"관측치가 존재한다면 추정치 사용보다 관측치의 사용을 우선"한다. 다만 "특별한 사정이 있는 경우 관측치가 존재하더라도 추정치를 사용"할 수 있다.

### ■ 추정을 위한 가정과 기법의 선택

"추정을 위해서는 (근사치 산출을 위한) 추정기법을 선택"해야 하며, "추정기법 적용 시 사용할 가정이나 변수도 선택"해야 한다.

### ■ 합리성의 원칙

"추정기법의 선택이나 가정 및 변수의 선택은 추정치 정보의 유용성과 신뢰성을 높이기 위한 합리적 판단을 전제"로 한다. 이를 위해서 "경영자는 이용할 수 있는 최선의 정보를 활용"해야 한다.

### ■ 추정방법 변경의 원칙

"추정을 위해 선택한 추정기법이나 가정, 변수들의 변경은 변경으로 인한 추정치가 보다 유용하거나 신뢰성 있는 정보를 제공하는 경우에만 허용"된다. "새로운 정보의 유용성이나 신뢰성에 대한 판단은 객관적인 증거가 있는 경우에만" 할 수 있다.

## 4-3 추정의 유형에 관한 연구

추정에는 서로 다른 몇 가지 유형이 존재한다. 측정 불확실성이 발생하는 원인이 서로 다르기 때문이다. 측정 불확실성의 발생 원인별로 서로 다른 추정의 유형을 알아본다.

### 측정 불확실성과 발생 원인

불확실성은 재무보고라는 사회적 기능의 수행을 방해하는 중요한 장애물이다. IFRS 개념체계는 재무보고 과정에서 직면하게 되는 불

**표 1-1** 재무보고에서의 불확실성

| 구분 | 내용 |
|---|---|
| **존재불확실성** | 자산이나 부채의 존재 여부에 대한 불확실성(문단 4.13, 문단 4.35) |
| **측정 불확실성** | 재무보고서의 화폐금액을 직접 관측할 수 없어 추정해야만 하는 경우에 발생하는 불확실성(문단 2.19) |
| **결과불확실성** | 자산이나 부채에서 발생할 경제적 효익의 유입이나 유출의 금액 또는 시기에 대한 불확실성(문단 6.61) |

확실성을 표 1-1과 같이 세 종류로 구분하여 설명하고 있다.

세 종류의 불확실성 중 하나인 측정 불확실성은 (화폐금액을) 관측할 수 없기 때문에 발생하는 불확실성이다. 그렇다면 관측이 불가능한 이유는 무엇일까?

앞서 추정의 사례를 통해 확인한 관측 불가능의 원인은 다음과 같다.[15]

■ **원인 1: 원천적으로 관측이 불가능한 경우**

현금흐름을 수반하는 교환 또는 거래가 없는 자산과 부채의 가치변동액(영업권의 손상차손, 기계장치의 감가상각비, 제품의 제조원가 등) 또는 변동 후의 가치(투자부동산이나 금융상품의 공정가치 등)를 측정할 때.

■ **원인 2: 사전적으로 관측이 불가능한 경우**

시간의 경과 후에는 현금흐름을 관측할 수 있지만 현재로서는 관측할 수 없는 자산과 부채의 가치변동이나 가치(향후 소송의 결과에 따라 회수하게 될 보상금, 하자가 발생했지만 고객이 아직 신청하지 않은 하자보수채무 등).

■ **원인 3: 관측이 가능하지만 추정을 택하는 경우**

원칙적으로 관측이 가능하지만 물리적인 장애 요인이나 경제적인 장애 요인(과다한 비용 발생 등)으로 인해 관측을 포기하는 경우(분쟁지역 내에 보관 재고의 수량과 금액, 석탄이나 석유의 매장량과 금액 등).

## 추정의 유형과 유형별 추정방법

측정 불확실성의 발생 원인별로 추정의 유형을 정리하면 표 1-2와 같다.

**표 1-2** 측정 불확실성의 발생 원인별 추정의 유형

| 유형 | 사례 | 추정의 유형 |
|---|---|---|
| 원천적으로 관측 불가 | 제조원가, 감가상각 발생,<br>영업권 손상, 공정가치 | **본원적 추정** |
| 사전적으로 관측 불가 | 소송채무, 하자보수충당금,<br>대손충당금 | **예측 추정** |
| 관측 가능하지만 추정을 선택 | 분쟁지역의 재고자산,<br>자원의 매장량과 금액 | **대체 추정** |

■ **본원적 추정**

관측의 대상이 없어서 관측을 통한 측정이 원천적으로 불가능한 경우의 추정은 "본원적 추정"이다. 제품의 제조원가나 영업권의 손상액 등은 관측을 할 수 있는 거래나 계약이 존재하지 않는 회계적 현상(제품의 제조, 자산손상)의 결과물이다. 추정이 불가피하다.

■ **예측 추정**

불법 행위로 인한 손해배상액이나 제품하자보수금액 등 이미 발생했지만 현재로서는 관측이 가능하지 않은 채무의 금액이다. 추정의 대상이다. 향후에는 현금흐름이 발생하고 금액이 확정되어 확인이 가능하지만, 현재로서는 금액을 예측할 수밖에 없어 "예측 추정"이라고 한다.

■ **대체 추정**

전쟁 등 분쟁지역에 보관된 재고의 수량과 금액, 자원의 매장량과 금액 등은 관측이 가능하다. 하지만 그럼에도 불구하고 추정을 한다. 이 추정은 "대체 추정"이다.

추정의 신뢰성을 확보하고 남용이나 오용을 방지하기 위해서는 추정의 유형별로 추정방법에 관한 보편적 기준을 정하는 것이 무엇보다 중요해 보인다. 본원적 추정과 예측 추정의 경우, 추정방법에 관한 보편적인 기준(추정을 위한 가정 및 방법론)을 제시할 수 있을 것이다. 하지만 대체 추정의 경우 보편적인 기준을 찾아 적용하기는 어려워 보인다.

유형별 추정방법에 대한 상세한 연구가 이어지기를 기대한다.

## 4-4 추정의 변경과 오류의 수정

### 추정치 변동의 세 가지 원인

추정의 결과인 추정치는 기간별(월별, 연도별 또는 분기별)로 변동될 수 있다. 많은 경우, 시간의 경과와 함께 변수들이 변화하기 때문이다. 하지만 단순한 시간의 경과가 아닌 가정이나 변수의 변경에 의한 변동도 있다. 감가상각 방법의 변경과 같은 "추정의 변경"에 따른 추정치 변경이다. 추정치 변동을 원인별로 구분하면 다음과 같다.

■ **시간 경과에 따른 추정치 변동**

추정방식이나 가정의 변경 없이 시간의 경과와 외부 여건의 변화로 인한 추정치 변동(예: 기간 경과에 따른 대손추정액의 감소 또는 소송 당사자의 증가로 인한 손해배상액 추정치의 증가 등).

■ **회계추정의 변경으로 인한 추정치 변동**

추정을 위한 가정이나 추정방법의 변경으로 인한 회계추정치의 변동(예: 대손추정을 위한 방식이나 가정의 변경에 따른 대손추정액 변동).

■ **오류의 수정과 추정치 변동**

과거에 적용한 가정과 추정방법에 오류가 있어 이를 수정함으로 인한 추정치 변동(예: 특정 사업부의 오류수정에 따른 대손추정치의 변동).

### 추정의 변경과 오류수정의 구분

추정의 변경에 의한 추정치의 변동은 회계정책의 변경이나 회계오류의 수정과 달리 그 변동을 전진적으로 인식하므로, 과거 연도까지 소급하여 적용하지 않는다. 하지만 가정의 변경이나 추정방법의 변경에 따른 추정의 변경 중, 과거 잘못 선택한 가정이나 방법의 수정으로 인한 추정의 변경은 오류수정에 해당되고 소급적용이 필요하다.

가정의 변경이나 방법의 변경이 과거의 잘못된 선택을 수정하는 것인지, 또는 더 새롭고 진전된 방법을 적용하여 보다 유용한 정보를 얻고자 수정하는 것인지의 판단은 오류수정의 여부를 정하는 중요한 가늠자가 된다. 이 판단을 위한 구체적인 지침이 마련된다면 추정에 관한 많은 실무적 혼란을 방지할 수 있을 것이다.

### 추정에서 관측으로

앞서 언급한 세 가지 유형의 추정 중에서 대체 추정이란 관측이 가능함에도 추정을 선택한 경우의 추정이다. 대체 추정의 경우, 기업은 상황의 변화에 따라(장애 요인의 소멸 등) 추정을 중단하고 관측으로 복귀를 시도할 수도 있다. 이 경우 추정에서 관측으로의 변경이 가능한 것인지에 대해 회계기준은 함구하고 있다. 추측에서 관측으로의 변경을 허용할 것인지, 허용한다면 그 조건은 무엇인지, 그리고 허용할 경우 이를 추정의 변경으로 볼 것인지, 아니면 정책의 변경으로 볼 것인지에 대한 판단도 향후 검토되어야 할 것이다.

## 제5절
## 회계추정의 공시와 검증

경영성과에 중요한 영향을 미치는 회계추정의 분야는 산업별로 차이가 있다. 반도체 기업에게는 감가상각비가, 조선 업종에 속한 기업에게는 공사의 진척도가 재무성과를 결정하는 핵심적인 추정치다.

반도체를 제조하는 S사와 H사의 경영진은 매년 신규 설비의 경제적 내용연수와 감가상각 방법을 결정하고 이에 따라 감가상각비를 추정한다. 국내 조선업 3사의 경영진은 공정의 진척도 추정방식을 매년 검토하고 이에 따라 건조 중인 선박들의 매출액을 추정한다.

이들 기업의 추정과 추정치는 얼마나 상세하게 공개되고 얼마나 효과적으로 검증되고 있을까?

## 추정의 공시

추정은 경영자의 판단이며 의사결정이다. 그 의사결정이 기업의 재무성과에 미치는 영향이 지대한 만큼 회계추정은 회계기준이 정하는 원칙에 따라 이루어져야 한다. 더 중요한 것은, 추정에 관한 정보의 공개다. 추정의 과정과 결과는 투명하고 충실하게 공개되어야 한다. 중요한(material) 추정의 경우 더욱 그렇다. 중요한 추정에 대한 광범위하고 상세한 공시는 정보의 이용자인 투자자에게 매우 중요할 뿐만 아니라, 외부감사인이나 규제기관 등 외부인의 정보 검증에도 중요한 기여를 하기 때문이다.

추정의 공시에는 추정을 위한 가정과 추정방법은 물론, 중요한 추정이 재무에 미치는 영향 등이 포함되어야 한다.

## 추정과 외부감사

외부감사인의 가장 중요한 임무는 경영진의 주장을 엄격하게 검증하는 것이다. 추정은 회계(재무보고) 속에 감추어져 있는 경영진의 의지와 주장이다. 따라서 추정에 사용된 정보가 정확한지, 추정을 위한 경영진의 가정과 판단이 합리적인지, 방법론이 적정하며 보편성을 갖는지, 그리고 일관성이 있는지 여부 등을 검증하는 것은 감사인의 최우선 과제다.

하지만 아쉽게도 현행의 외부감사는 추정에 대해 철저한 검증을 할 수 있도록 설계되어 있지 않다. 계정을 중심으로 한 현행의 외부감사는 경영진의 주장에 대한 검증과 (기계적으로 취합되고 집계된 방대한) 거래 기록의 검증을 구분하지 않은 채 진행되고 있다. 추정에 대한 공시가 체계적이지 않고 외부감사의 절차도 체계적이지 못하기 때문이다.

### 현행 회계감사 절차

현행 회계감사는 계정잔액의 감사와 시스템 감사로 구분되어 있다. 계정잔액 감사는 재무상태표(과거의 대차대조표)와 손익계산서 등 재무보고상 주요 계정에 대해 그 잔액을 검증하는 것으로, 기록 및 증빙과의 대조, 계산과 집계의 재수행, 외부 조회, 분석적 검토 등을 포함한다. 시스템 감사는 재무보고를 위한 IT 시스템에 대한 검토로 시스템의 안전성이나 완전성을 확인할 뿐만 아니라 시스템의 설계가 합리적이고 적절한지를 IT 전문가와 함께 검증하는 절차다. 계정잔액의 감사와 시스템 감사가 모두 충실히 수행되면 재무보고의 완전성과 정확성이 검증될 수 있다.

하지만 이 두 가지 절차(계정잔액 감사와 시스템 감사)를 통해 경영자의 결정인 추정에 대한 검증이 충분히 이루어지고 있는지에 대해서는 의문이 크다. 계정잔액 감사의 경우, 기록의 정확성이나 산술적 집계의 완전성 이상으로 (계정잔액에 포함된) 추정치의 신뢰성이 검증되어야 한다. 하지만 추정에 관한 공시가 부족하고 각 계정에 포함된 중요한 추정치가 무엇인지에 대한 식별조차 미흡한 상태에서 추정에 대한 엄격한 검증을 기대하기는 어렵다. 시스템 감사의 경우도 동일하다. 시스템의 안전성이나 완전성의 검증 이상으로 중요한 것은 최초 시스템 설계 시 (또는 그 이후 수정이나 보완 시) 추정치의 산출을 위해 적용한 가정과 추정방법이 무엇이고 그 가정과 추정방법이 적절한 것이었는지에 대한 검증이다. 하지만 현행의 시스템 감사는 이러한 기대에 미치지 못하고 있다.

## 외부감사 절차의 개선

추정에 대한 회계적 통제가 강화되고 주석 등을 통해 추정에 관한 상세한 정보가 제공된다면, 외부감사인의 감사는 그것이 계정잔액의 감사이든 시스템 감사이든 추정을 중심으로 이루어져야 한다. 경영진의 주장이며 진술인 추정이 합리적이고 회계기준이 정한 범위 내에서 이루어졌는지 확인하고 경영진의 의도적인 왜곡은 없었는지 확인해야 한다. 추정에 대한 집중적인 검토와 확인이 없는 외부감사는 의미가 없을지 모른다.

물론 계정기록의 정확성과 시스템의 산술적인 기능에 착오나 오류가 있는지 검토하는 것 또한 외부감사인의 중요한 역할 중 하나다. 방대한 자료의 재확인과 기계적 기능에 대한 광범위한 재검증이 필요하다는 말이다. 하지만 이들 절차는 IT 기술을 활용한 기계적인 방법을 통해 효과적으로 수행할 수 있을 것이다.

## 제6절
## 새로운 기준서의 제정

회계추정에 관한 독립된 기준서의 제정은 긴급한 과제다. 새로운 기준서의 제정과 함께 관련된 여타 기준서들과의 관계도 재설정이 필요하다.

### 6-1 독립된 기준서의 제정

회계추정에 관한 주요 규정은 현재 "K-IFRS 제1008호 회계정책,

회계추정치의 변경"에 포함되어 있다. 새로운 독립된 기준서가 제정된다면 동 기준서의 내용들은 모두 새로운 기준서로 이동되어야 한다.

새로운 기준서는 이와 함께 다음의 내용을 포함하게 될 것이다.

- 회계추정의 정의
- 측정 불확실성과 추정
- 추정을 위한 일반 원칙
- 추정의 공시

## 6-2 타 기준서와의 관계 설정

회계추정의 구체적 방법론들은 현재 유형자산, 재고자산, 자산손상 등 여러 기준서 내에 산재해 있다. 회계추정에 관한 새로운 기준서가 제정되더라도 여타 기준서상의 방법론 관련 규정들을 모두 이동시킬 수는 없다. 다만, 새로운 기준서는 이들 별도 기준서와의 관계 정립을 위한 규정을 둘 필요가 있어 보인다.

유형자산의 감가상각이나 재고자산의 평가, 충당부채의 산출 등이 이에 해당되며, 공정가치의 측정(K-IFRS 제1113호)도 포함된다.

【참고】 제조업에 속하는 경우 제품과 재공품의 제조원가 계산은 대표적인 회계추정에 속하지만, 방법론에 관한 회계기준은 제시되어 있지 않다.

## 6-3 회계추정과 측정기준

"재무보고를 위한 개념체계"는 "재무제표에 인식된 요소들을 화폐단위로 수량화"하기 위해서 "측정기준"을 선택해야 한다고 언급하며, 측정기준으로 "역사적 원가"와 "현행가치"를 제시하고 있다.

특정 기준서가 측정기준으로 "역사적 원가"를 선택하는 경우 측정은 관측을 통해서도 할 수 있고, 추정으로도 할 수 있다. 반면, 특정 기준서가 측정기준으로 "현행가치"를 선택하는 경우 모든 측정은 회계추정을 통해서만 가능하다. 현행가치란 그것이 공정가치든 사용가치나 이행가치든 관측에 의한 측정은 애초부터 가능하지 않기 때문이다.

회계추정에 관한 새로운 기준서가 제정되는 경우 회계추정과 측정기준 사이의 관계를 설명하는 규정이 제공된다면 측정기준을 적용하는 데 생길 수 있는 혼란을 피하거나 줄일 수 있을 것이다.

## 주

1 표준국어대사전 정의에 따른다.

2 회계적 사건이란, 현금을 수반하는 거래는 아니지만 회계에 반영되어야 하는 사건이나 현상을 의미한다.

3 표준국어대사전 정의에 따른다.

4 공정가치 기준서 IFRS 13은 공정가치를 명시적으로 가격의 측정치로 규정하고 있다(IFRS 13.2(b), BC29).

5 현행 회계기준은 회계정책의 선택을 통한 측정은 추정의 범위에서 제외시키고 있다.

6 2019년 공개 초안에 포함된 회계정책의 정의에 대한 비판은 다음과 같다.

첫째, 추정을 정의하는 데 추정 불확실성이라는 용어를 사용함. 추정 불확실성 때문에 추정을 한다는 의미를 내포하고 있어 동의어 반복과 같은 서술을 함.

둘째, 불확실을 정의하는 데 정확히 측정할 수 없다는 양적인 개념을 사용하여 개념 정의에 실패함(오히려 정확한 측정이 무엇인가에 대한 혼선만 생김).

셋째, 추정이란 측정치를 얻기 위한 복합적인 과정 또는 행위임에도 불구하고 추정을 판단 또는 가정이라고 정의함으로써 추정 행위 중 일부 단순한 절차나 요소가 추정인 것처럼 설명함.

7 이들 기준서는 각 기준서에 포함된 재무보고의 과제나 항목에 국한하여 회계추정을 논의하고 있다.

8 이해하기 어려운 문장으로 구성되어 있다.

9 추정을 한다고 하지 않고 추정치를 개발한다고 한 이유를 알 수 없다.

10 추정치란 “추정을 통해 산출된 재무제표상의 화폐금액”이라고 서술하지 않은 이유가 무엇인지 궁금하다.

11 추정 불확실성에 대한 기타의 원천과 미래에 대한 가정이 동일한 수준의 것인지 알 수 없다.

12 반드시 필요한 서술인지 알 수 없으며, 추정의 공시보다는 추정의 정의에서 서술함이 필요해 보인다.

13 상기 동일.

14 상기 동일.

15 개정 전 기준서 1008호 문단 32는 측정 불확실성의 원인을 사업활동에 내재된 불확실성이라고 했다. 하지만 이상 세 가지 유형 중 어느 하나도 사업활동과는 직접적인 관련이 없다. 첫 번째와 세 번째는 사업이 무엇이든 사업의 미래가 어찌 되든 사업과 아무런 관련이 없고, 다만 그 상황과 성격상 관측할 수 없는 경우이다. 그리고 두 번째 불확실성은 기업이 운영하는 사업의 미래와는 관련이 없는 자산이나 부채가 자체적으로 가지고 있는 미래 불확실성에 기인한 것이다.

# 2장

# 취득법회계

영업권은 사업사가 보유한 권리 중 하나다. 경영 현장에서는 종종 영업권의 가치를 평가하며 사업의 양도와 함께 영업권을 매각하기도 한다. 따라서 권리로서 영업권의 실체를 부인하거나 그 존재에 의문을 품기는 어렵다. 하지만 영업권의 정체는 분명하지 않다. 정의하기 어렵고, 사업에 어떻게 기여하는지도 분명하지 않기 때문이다. 사업자가 보유한 다른 자산, 유형자산은 물론 여타의 무형자산이 분명한 정체성을 갖고 있는 것과 대비된다.

영업권이 여타의 사업용 자산과 구분되는 차이점은 다음과 같다.

첫째, 그 기능과 역할을 정의하기 어려운 복합적 성격의 자산이다.

둘째, 사업 과정에서 창출하여 보유할 뿐 상거래 대상이 아니다.

셋째, 양도가 가능하지만 사업과 분리하여 양도할 수는 없다.

넷째, 법적인 보호장치가 미약하다.

(경제활동의 근간이 되는) 민법이나 상법은 영업권을 정의하고 있지 않다. 상거래와 관련된 여타의 개별법에도 영업권의 정의는 없다. 법적으로 정의하기 어렵고 보호하기 어려운 실체라는 증거다. 그럼에도 불구하고 영업권은 재무보고 목적상 자산으로 인정되고 보고된다. 물론 모든 영업권이 자산으로 인정되는 것은 아니다. 기업이 타 기업을 인수하면서 대가를 지불하고 얻게 된 영업권만 자산으로 인정된다.

실정법상 정의도 없고 법의 보호를 받지도 못하는 영업권을 자산으로 인식하는 회계적 입장은 다양한 비판을 받고 있다.

첫째, 회계상 자산으로 인정받기 위한 일반적 요건(식별과 측정)을 갖추지 못했음에도 예외적으로 자산으로 인식함으로써 회계의 원칙이 훼손된다. 이로 인해 재무보고의 신뢰성도 흔들린다.

둘째, 인수한 영업권의 가치를 독립적으로 측정하지 않고, 타 자산가치와 연결한 잔여가치에 의해 결정함으로써 측정의 정당성이 훼손되고 있다. 인식된 영업권이 사업결합을 통해 얻는 가치를 반영하는지도 알 수 없다.

셋째, 인수한 영업권은 자산으로 인식하는 반면 스스로 창출한 영업권은 자산으로 인식하지 않음으로써 형평성을 잃고 있다. 재무보고의 중요한 가치인 비교 가능성도 손상시키고 있다.

넷째, 자산으로 인식한 영업권의 평가가 인식 시점은 물론 사후에도 사실상 이루어지지 않는다. 이로 인해 재무보고의 신뢰성이 훼손되고 있다.

재무보고의 이용자인 주주, 투자자, 그리고 다양한 이해관계자들은 영업권을 자산으로 인식하는 회계의 입장에 의문을 제기해 왔다(Ramanna and Watts, 2012; Li et al., 2011; ASBJ, 2019; EFRAG, 2020). 재무제표의 작성자인 기업과 외부감사인 사이에서는 영업권의 손상을 어떻게 인식하고 측정할 것인지 이견과 다툼이 지속되고 있다. 일부 회계학자들은 영업권 손상검사를 보다 엄격하게 표준화해야 한다는 입장을 보이는가 하면(Glaum et al., 2018), 기업 경영자의 재량적 판단을 인정해야 한다는 시각도 존재한다(Amel-Zadeh and Meeks, 2020). 하지만 현재까지 뚜렷한 해결의 실마리를 찾지 못하고 있다.

영업권의 자산 인식은 취득법회계의 산물이다. 현행 회계기준은 한 기업이 타 기업을 인수하거나 합병할 때 "취득법회계"를 적용하도록 하고 있으며, 인수기업이 피인수기업의 영업권을 자산(영업권)으로 인식하도록 규정하고 있다. 영업권에 대한 다각적인 비판은 결국 "취득법회계"의 정당성에 대한 의문으로 연결된다.

이하의 글에서는 영업권을 자산으로 인식하는 회계의 입장에 대한 의문과 함께 취득법회계에 대한 전반적인 비판을 제시한다.

# 제1절
# 무형자산과 영업권

영업권은 기업이 보유한 권리이자 중요한 자산 중 하나로 인식되고 있다. 자산이지만 물리적 형태가 없는 자산이므로 무형자산에 속한다. 하지만 영업권은 무형자산 중에서도 매우 특별한 성격을 갖는 자산이다.

## 무형자산

기업과 기업인은 전통적으로 다양한 유형의 물적 자원을 보유하고 사업을 영위해 왔다. 그리고 동 자원을 통해 가치를 창출해 왔다. 기업이 보유한 물적 자원을 유형자산이라고도 한다. 형체가 있는 자산이라는 뜻을 담고 있다. 유형자산에는 공장이나 건물, 창고, 사무실 같은 부동산(不動産)도 있고, 제품이나 원재료 같은 동산(動産)도 있다. 현금이나 귀중품 같은 실물자산도 있고, 주식이나 채권 등의 금융자산도 넓은 의미에서 유형자산에 포함된다.

사업에 활용되는 자원 중에는 유형자산과 달리 형체가 없고 가시적이지 않은 자산도 있다. 이를 일반적으로 무형자산이라고 한다. 저작권, 특허권, 상표권, 기술, 노하우 등의 지적재산권은 대표적인 무형자산이다. 소프트웨어, 콘텐츠, 데이터베이스 등의 정보자산도 중요한 무형자산이다. 무형자산 중에는 지적재산권이나 정보자산에 해당하지 않는 다른 종류의 자산도 있다. 사업상의 파트너나 거래처와 계약을 통해 얻는 권리가 대표적이다. 장기간의 라이선스 계약이나 독점적 납품 계약을 통해 얻는 권리가 여기에 해당한다. 국가나 이에 준하는 기관과의 계약에서 발생하는 공적인 권리, 자원의 개발권이나 통신망의 사용권 등도 모두 무형자산이다. 계약상의 권리 중에는 상품화된 권리들도 있다. 계약 상대방의 동의 없이 제3자에게 양도나 이전을 할 수 있다는 점에서 단순한 계약상 권리와는 차이가 있다. 시설의 이용권이나 단체와 관련한 회원권들이 여기에 속한다.

정보기술(IT)의 발전과 함께 과거에는 존재하지 않던 새로운 산업이 다수 등장했다. 기존의 산업에 속하지만 새로운 사업 방식을 택해 탁월한 성과를 내는 기업들이다. 이들 기업이 창출해 낸 새로운 사업 모델이나 사업을 위한 플랫폼 또한 무형자산이다.

## 영업권

영업권은 무형자산 중 하나다. 하지만 영업권이 무엇인지 통일된 정의는 없다. 법적인 근거도 찾기 어렵다. 경제활동의 근간이 되는 민법이나 상법에 영업권은 정의되어 있지 않다. 상거래와 관련된 개별법에도 영업권의 정의는 없다. 여러 문헌들의 서술을 종합해 보면 영업권이란 "특정한 사업활동을 하면서 얻은 경영상의 유리한 입장이며 경제적 가치를 지닌 권리" 정도로 이해할 수 있다. 이들 문헌은 영업권의 요소로서 "고객 관계, 상품 브랜드, 외부 업체와의 공급 계약, 사업의 기술과 노하우, 비밀 정보, 지리적 위치, 인지도와 평판" 등을 들고 있다. "우수한 인적 자원이나 경영 능력" 역시 영업권의 한 요소로 보고 있다. 그렇다면 영업권은 "사업과 관련된 다양한 요소들에 의해 얻게 된 사업상의 유리한 고지"쯤으로 정의할 수 있을 것이다.

사업의 인수나 합병을 경험한 기업들은 영업권의 존재를 인정한다. 하지만 영업권의 존재에 대해 인식이 충분하지 않은 기업들도 많다. 일상적인 사업활동 과정에서 영업권이 어떤 기능과 역할을 하는지 분명하지 않기 때문이다. 어느 경우든 "영업권은 실제의 자산이라기보다는 상징적인 자산으로서, 영위하는 사업의 가치와 보유하는 자산가치의 차이" 정도로 이해하는 경우가 많다.

### 영업권 인식의 역사

영업권은 중세 유럽에서 처음 인식하기 시작했다. 초기에는 상거래에 종사하던 상인들의 평판이나 고객에 대한 신뢰도가 영업권으로 인식되었다. 따라서 법적인 보호를 받거나 거래의 대상이 되는 자산

표 2-1 *Cruttwell v. Lye* 사건

| 구분 | 내용 |
|---|---|
| 사건 배경 | 양초 제조업을 운영하던 Cruttwell은 자신의 사업을 Lye에게 매각한 뒤, 동일 지역에서 동일 업종의 사업을 다시 시작하여 경쟁함. 이에 Lye는 영업권 침해를 이유로 소송을 제기함 |
| 법원의 판단 | 법원은 영업권이 고객 기반 등에서 발생하는 무형자산이며, 사업의 양도 시 함께 양도되는 자산으로 판단하고 이를 침해하는 행위는 부당하다고 판결함 |

으로 인식되지 않았다. 영업권이 법적으로 처음 인정을 받은 것은 영국에서였다. 1810년 영국 법원은 판결을 통해 영업권도 매각이 가능한 자산 중 하나라고 인정했다. *Cruttwell v. Lye* 사건(1810)은 영업권이 법적으로 보호받을 수 있는 자산임을 처음 인정한 사례로, 이 사건의 개요와 법원의 판단은 표 2-1과 같다. 상인들의 점포 매각이나 기업의 양수도 및 인수·합병이 빈번해지고 매각이나 양수도의 대가 속에 영업권의 대가가 포함되면서 영업권은 독립적인 자산으로 인정받게 된다.[1]

## 영업권의 특수성

영업권이 "경영상 유리한 입장이며 경제적 가치를 가진 권리"인 점을 생각하면 영업권은 분명히 기업의 자산이며, 자산 중에서도 무형자산이다. 하지만 영업권은 지적재산권이나 정보자산과 같은 여타 무형자산과 다른 몇 가지 차이점을 가지고 있다.

첫째, 특허권이나 저작권 등의 무형자산이 개별적으로 식별 가능한 단일 성격의 권리임에 비해 영업권은 성격이 다른 다양한 요소[2]들이 결합하여 구성된 복합적 성격의 권리다.

둘째, 지적재산권이나 정보자산이 시장에서 구입하거나 제3자에게 대가를 지급하고 취득할 수 있는 자산인 데 비해 영업권은 사업 과정에서 스스로 창출하고 보유한 자산이다.

셋째, 다른 무형의 권리들이 기업으로부터 분리되어 양수 혹은 양도가 가능한 것과 달리 영업권은 사업과 분리하여 독립적으로 이전이 불가능하다. 다만 사업 양수도나 사업결합 시 사업상의 권리 중 일부로 양도권의 행사는 가능하다.

넷째, 영업권에 대해서는 유형자산은 물론 다른 무형자산에도 적용되는 보편적인 법적 보호장치(예: 소유권, 양도권, 상속권 등)가 완전하게 작동하지 않는다. 물론 영업권에 포함된 개별적 권리(예: 브랜드, 영업비밀 등) 등은 별도로 보호받을 수 있다.

이러한 특성 때문에 영업권은 무형자산이면서도 여타의 무형자산과는 구분되는 특별한 지위와 성격의 무형자산으로 인식된다.

# 제2절
# 영업권의 법적 위상과 회계적 인식

영업권은 사업상의 권리로서 무형자산의 범주에 포함된다. 하지만 영업권은 여타의 무형자산과는 많은 차이점을 갖고 있다. 그중 하나가 법적인 보호장치의 부재다. 대부분의 무형자산은 상당한 정도의 법적 보호를 받고 있다. 다소의 차이는 있지만 그것이 특허권이나 저작권과 같은 단독 권리이든 계약에 의한 권리이든 법적 보호장치가 존재한다. 하지만 영업권은 그렇지 않다. 법적인 보호장치 이전에 법적인 정의조차 확인하기 어렵다. 그럼에도 불구하고 영업권은 재무보고상 자산으로 인정되고 있다. 이 절에서는 현행법상 영업권의 법적 위상과 회계적 인식에 대해 살펴본다.

## 2-1 영업권의 법적 위상

### 국내법

영업권을 구체적으로 정의한 국내법은 없다. 상거래를 규제하고 시장질서를 규정하는 상법이나 민법에 영업권은 정의되어 있지 않다. 여타의 어떤 개별법도 영업권을 정의하고 있지 않다. 법에 의해 명시적으로 정의되고 보호받는 영업권은 존재하지 않는다는 뜻으로 이해된다. 상표권이나 특허권, 저작권 등이 지적재산권 중 하나로서, 법의 강력한 보호를 받는 것과 다르며, 계약에 의한 권리(독점기술 계약이나 원료공급 계약들)가 상당한 정도의 법적 보호를 받는 것과도 다르다.

그렇다고 영업권이 법의 보호로부터 완전히 소외되어 있는 것은 아니다. 영업권은 법원의 판례를 통해 "재산적 가치가 있는 권리", "헌법상 인정되는 재산권"으로 인정된 바 있다. 2004년 10월 28일과 2008년 11월 27일의 헌법재판소 판결은 영업권을 "영리 획득의 기회나 기업활동의 사실적 여건에 불과"하므로 "사적 유용성 및 그에 대한 처분권을 내포하는 구체적인 권리인 헌법상의 재산권은 아니다"라고 하면서도 "다년간 형성된 고객 관계, 입지 조건, 신용, 영업 능력, 영

**표 2-2** 영업권 관련 판례

| 판례 유형 | 주요 내용 | 판결 날짜 및 사건 번호 |
|---|---|---|
| 재산권에 포함된다는 판결 | "확보된 고객 관계, 영업 비결 등은 경제적 유용성이 있으며 처분 가능한 자산으로 헌법상 구체적 권리에 해당한다." | 2004.10.28/ 2002헌바41 |
| 재산권으로 보지 않는 판결 | "기업활동의 사실적·법적 여건은 구체적 권리가 아니며 헌법상 보장된 재산권이 아니다." | 2008.11.27/ 2005헌마189 |

업 비결, 사업 연락망 등을 포함하는 영업 재산이나 영업 조직은 (경제적으로 유용하면서도 처분에 의한 환가가 가능하므로) 재산적 가치가 있다는 것이 사회 일반에 의하여 승인되므로 헌법상 재산권에 속하는 구체적 권리로 인정할 수 있다"고 판단했다. 표 2-2는 영업권과 관련된 판례를 나타낸다.

법원은 영업권을 "구체적이고 개별적인 자산으로 보고 직접적인 보호"를 언급하지는 않았으나, "사회 일반의 인식이 그러하니 헌법상의 재산권에 속한다고 볼 수밖에 없다"는 뜻으로 "소극적인 보호"의 견해를 제시하고 있다.

상법이나 민법과 달리 국내의 세법은 영업권을 자산으로 인정하고 있다. 하지만 세법이 영업권을 독립적으로 (또는 독자적으로) 정의하고 인정하고 있는 것은 아니다. "회계가 인정하는 자산"으로서의 영업권을 받아들이는 방식으로 인정하고 있다. 법인세법은 사업결합 시에 발생한 영업권을 "회계상 인식한 경우" 자산으로 인정하고 있다. 별도의 법적인 정의가 아니라 회계상의 정의를 차용한 것이라고 이해할 수 있다.

국내의 부정경쟁방지법은 기업의 상표나 상호, 영업비밀을 타인이 부당하게 침해하는 경우 이를 금지하고 형사처벌, 손해배상청구 등의 조치를 취하도록 규정하고 있다. 이 경우 보호의 대상이 되는 상표나 상호 또는 영업비밀 등은 "영업권"에 해당된다. 따라서 영업권이 부정경쟁방지법, 혹은 상법과 민법상의 경업금지의무 등을 통해 법적인 보호를 받는다고 보는 견해도 있다. 하지만 부정경쟁방지법이 보호하는 것은 자산으로서의 영업권이 아니고, 영업권의 범위 안에 포함되는 상호나 상표, 영업비밀 등의 구체적 자산 또는 권리이므로, 부정경쟁방지법이 영업권이라는 자산을 인정하고 이를 보호하는 장치를 제공한다고 보기는 어렵다.

**해외의 법률**

영업권의 법적인 위상은 미국에서도 동일하다. 영업권은 상법이나 회사법, 상표법 등 미국의 각종 법률에 많이 언급되고 있다(Restatement, 1995; U.S. IRC § 197, 2021; *United States v. Troendle*, 2010). 하지만 영업권을 상표권이나 저작권과 같이 보호해야 하는 구체적인 자산으로 정의한 미국 법은 없다.

미국의 법 중에서는 상표법(Lanhan Act)과 부정경쟁방지법(Unfair Competition Law)에 해당하는 몇몇 법률이 영업권을 가장 빈번히 언급하고 있다. 하지만 이들 법률도 구체적으로 영업권을 정의하고 있지는 않다. 미국에서도 세법은 영업권을 정의하고 있지만, 한국과 마찬가지로 "회계상의 영업권"과 연결되어 있다.

유럽의 경우도 영업권을 독립된 권리로 규정한 법은 없다. 영업권에 대한 명시적인 정의도 없고, 보호를 위한 구체적인 규정도 없다. 다만, 영업비밀이나 계약, 상표의 법적 보호장치 등을 통해 간접적으로는 보호를 받고 있다. 유럽연합(EU) 차원의 상표법(CEU Trademark Law)과 부정경쟁방지법(Unfair Competition Prevention Act), 영업비밀보호법(Defend Trade Secrets Act) 등은 영업권에 대한 간접적인 보호의 수단이다.

영국이나 프랑스, 독일 등 유럽의 개별 국가 역시 영업권에 대한 법적인 정의나 명시적인 보호장치를 가지고 있지 않다. 다만, 프랑스의 민법과 상법은 영업권 대신에 고객(clientele)과 잠재 고객(achalandage)을 정의하여 이를 영업 자산(fond de commerce)[3]의 일부로 인정한다. 그리고 사업자가 영업 자산을 양수하는 경우 영업권을 인정한다.

## 2-2 영업권의 회계적 인식

영업권이라는 용어가 서양에서 처음 사용된 지는 500년이 넘었다고 한다. 독점적 위치에서 사업을 영위하는 특정 사업자와 이 지위를 빼앗으려는 제3자 사이의 법적 분쟁에서 많이 사용된 것으로 알려지고 있는데, 이때의 영업권은 독립적 자산이 아니고 독점적 지위를 유지하는 데 역할을 하는 복수의 무형자산들의 집합처럼 이해되었다고

한다.[4]

19세기 후반부터는 재무의 영역에서 영업권에 대한 논의가 활발하게 이루어졌다. 그 논의는 (권리의 보호보다는) 영업권의 가치에 초점이 맞추어졌다. 이 시기의 논의에 따르면 영업권은 사업에 부수되는 재산 또는 권리로서 가치의 측정이 가능한 재산으로도 인정을 받았다. 영업권 가치를 측정하기 위해서 여러 가지 방식이 동원되었는데, 기업이 보유한 자산가치의 합을 초과하는 기업가치로 측정하기도 하고 기업이 창출하는 미래 초과이익의 합계로 측정하기도 했다 (Johnson and Petrone, 1998; Mattessich, 2003).

영업권이 사업에 부수되는 재산 또는 권리로 인정받고 재무적으로 그 가치의 측정이 (개념적으로) 가능해지면서 영업권을 재무보고에 포함시키는 것에 대한 동의가 이루어졌다. 기업의 인수·합병이 빈번해지고 취득법(또는 매수법)회계가 채택되면서부터다. 사회적 동의를 얻기 위해 오랜 시간이 걸렸고 많은 논란과 논쟁이 이어졌었다.

현재의 회계 시스템은 "일정한 조건을 충족하는 영업권"을 회계상 자산으로 인정하고 재무보고에 포함시키도록 하고 있다.

### 사업결합에 의한 영업권

한 기업이 사업결합을 통해 타 기업을 인수·합병하는 경우, 피인수기업으로부터 취득한 영업권은 K-IFRS 제1103호 '사업결합'에 따라 재무상태표상 자산으로 계상된다.

K-IFRS 제1103호에 따르면, '한 기업이 타 기업의 지분 등을 취득함으로써 타 기업에 대한 지배력을 확보하는 것'을 사업결합이라고 한다. 사업결합은 인수기업이 피인수기업의 순자산을 매수하는 행위이므로, 취득기업은 피취득기업의 각 개별 자산을 식별하여 취득기업의 자산으로 인식한다. 이때 취득기업은 피취득기업이 가지고 있는 유형·무형 자산뿐만 아니라 영업권도 함께 취득하는 것으로 보아 인수한 영업권을 회계상 별도의 자산으로 인식한다. 인수한 영업권의 가치는 취득을 위해 지급한 대가와 인수한 개별자산가치의 차이로 한다.

### 내부적으로 창출한 영업권

영업권은 사업을 영위하는 과정에서 자연적으로 창출되는 자산이다. 하지만 이렇게 창출된 영업권도 사업결합을 통해 취득하는 경우가 아니면 현행 회계기준상 회계적으로 인식할 수 없다. K-IFRS 제1038호 '무형자산'에서 "내부적으로 창출한 영업권"은 자산으로 인식하지 아니한다(문단 48)고 명시하고 있다. 그 이유는 이렇게 창출된

영업권은 식별 가능한 자원이 아니고 원가를 신뢰성 있게 측정할 수도 없기 때문(문단49)이라고 한다.[5]

K-IFRS 제1038호는 특정자산이 식별 가능하려면 동 자산이 분리 가능하거나 아니면 동 자산이 법적인 권리나 계약상의 권리로부터 발생해야 한다(문단12)고 못 박고 있다. 기업이 사업활동 과정에서 창출하고 보유하게 된 영업권은 유형자산이나 특허권 등 지적재산권과 달리 개별성이 없어 분리할 수도 없고, 법적 권리나 계약상 권리로부터 발생하는 것도 아니다. 따라서 식별이 가능하지 않다.

사업활동에서 창출된 영업권은 원가를 측정하기도 어렵다. 회계기준상 원가란 취득을 위해 지출된 대가의 화폐가치인데, 사업 과정에서 창출된 영업권은 취득을 위한 지출의 측정이 가능하지 않고, 설령 가능하다 하더라도 매우 주관적으로 측정하게 됨으로써 측정한 원가가 영업권의 가치를 대표한다고 증명하기 어렵기 때문이다. 브랜드의 가치를 높이기 위한 다양한 지출이나 기업의 신용도를 높이기 위한 각종 활동 비용, 인력 채용이나 인력의 고도화에 드는 광범위한 인센티브와 교육비 등이 모두 원가에 해당할 수는 있지만, 해당 원가와 기업이 보유한 영업권 사이의 관련성에 대해서는 항상 의문이 제기될 여지가 존재한다.

이처럼 내부적으로 창출한 영업권은 식별 가능하지도 않고 신뢰성 있는 원가의 측정도 가능하지 않으므로 자산으로 인식할 수 없다는 K-IFRS 제1038호의 규정은 논리적으로는 타당해 보인다.

## 제3절
## 취득법회계와 영업권

K-IFRS 제1038호 '무형자산'은 사업 과정에서 스스로 창출한 영업권은 자산으로 인식할 수 없다(문단48)고 명시하고 있다. 반면 동 기준서는 사업결합으로 취득하는 영업권을 K-IFRS 제1038호의 적용 범위에서 제외하고 '사업결합'에 대한 기준서인 K-IFRS 제1103호를 적용하여 인식하도록 함으로써 자산 인식의 길을 열어 주고 있다.

이 절에서는 K-IFRS 제1103호 '사업결합'을 중심으로 사업결합에 따라 인식하는 영업권의 회계에 대해 살펴보고, 취득법회계의 문제점을 지적하고자 한다.

## 3-1 사업결합기준서의 규정

사업결합에 관한 기준서인 K-IFRS 제1103호는 기업이 타 기업을 인수하는 경우의 회계처리를 다음과 같이 규정하고 있다.

### 기준서의 주요 내용

■ 용어의 정의

□ 취득자가 타 사업에 대한 지배력을 획득하는 거래를 사업결합이라고 한다.

■ 문단 4 및 문단 5

□ 모든 사업결합은 취득법을 사용하여 회계처리한다.

□ 취득법은 다음의 절차를 따른다.

– 취득자의 식별

– 취득일의 결정

– 취득자산 및 부채의 인식과 측정

– 영업권의 인식과 측정

■ 문단 10

□ 취득자는 취득일 현재 영업권과 분리하여 식별할 수 있는 취득자산, 인수부채를 인식한다.

■ 문단 13

□ 취득자는 피취득자의 이전 재무제표에서는 자산과 부채로 인식하지 않았던 자산과 부채도 원칙과 조건이 충족되면 (새롭게) 인식할 수 있다.

■ 문단 18

□ 취득자는 식별할 수 있는 취득자산과 인수부채를 취득일의 공정가치로 측정한다.

■ 문단 32

□ 취득자는 취득일 현재 취득을 위한 이전대가가 취득하는 자산의 순액을 초과하는 경우, 그 초과액을 측정하여 영업권으로 인식한다.

## 3-2 취득법회계와 영업권

취득법에 따른 자산·부채의 평가와 영업권의 인식은 다음과 같다.

### 자산·부채의 평가

취득법에서는 사업결합을 취득기업이 피취득기업의 순자산을 매수하는 행위로 본다. 따라서 취득기업은 승계하는 피취득기업의 식별 가능한 자산과 부채를 공정가치로 평가하여 취득하는 것으로 회계처리한다. 이때, 취득대가로 자산을 교부하거나, 부채를 부담하거나, 또는 주식을 발행하는 경우에는 교부자산 혹은 부담하게 된 부채를 공정가치로 평가하여 대가를 산정한다.

### 영업권

취득기업이 지급하는 이전대가가 피취득기업의 식별 가능한 순자산의 공정가치를 초과할 때, 그 차액을 영업권으로 인식한다.(반대의 경우 염가매수차익을 당기손익으로 인식한다.) 이때 영업권이란 "개별적으로 식별하여 인식할 수 없으나, 사업결합에서 획득한 그 밖의 자산에서 생기는 미래 경제적 효익을 나타내는 자산"이다(K-IFRS 제1103호 용어의 정의 참조).

### 영업권의 손상

사업결합으로 취득한 영업권은 기간이 경과한 후 손상검사를 실시하여 회수 가능액이 장부금액에 미달하는 경우 손상차손을 인식한다.[6] 시간이 경과함에 따라 영업권의 가치가 변동하며, 특정 사건이나 경제적 환경의 변화 등 내·외부적 요인으로 인해 가치변동이 발생할 수 있기 때문이다.[7]

## 3-3 취득법회계의 정착

취득법회계는 20세기 초부터 사용되던 매수법에서 시작되었다.[8]

기업의 인수·합병이 빈번함에도 사업결합에 대한 명확한 회계기준이 존재하지 않던 시기에 기업들은 사업결합을 (자의적인 판단에 따라) 매수법 또는 지분통합법으로 회계처리했다. 사업결합을 피인수기업이 소유한 자산, 부채의 매수로 보는 경우 매수법을 적용하고, 사업결합을 두 기업의 대등한 통합으로 보는 경우 지분통합법을 적용했다.

1970년 미국의 APB Opinion No.16은 사업결합의 회계처리를 최초로 규정한 문서다. 이 문서는 매수법과 지분통합법 모두를 공식적으로 인정하면서도 지분통합법의 사용을 제한함으로써 매수법의 사용을 확대시켰다. 이후 2001년 발표된 미국의 SFAS 141과 SFAS 142는 지분통합법을 폐지함으로써 사업결합은 모두 매수법에 따라 회계처리하게 되었다. 2007년에 개정된 SFAS 141은 매수법 대신에 취득법회계를 도입했다(표 2-3 참조).

국제회계기준도 미국과 마찬가지로 사업결합에 관한 회계처리 방법으로 매수법과 지분통합법을 모두 허용했으나(IAS 22), 2004년 IFRS 3을 도입하면서 지분통합법을 폐지하고 모든 사업결합을 취득법에 따라 회계처리하도록 규정했다.

**표 2-3** 미국의 사업결합 회계기준의 변천

| 발표 연도 | 기준/보고서 | 주요내용 요약 |
|---|---|---|
| 1950 | ARB No.40 | 사업결합 시 지분통합법과 매수법(purchase) 병행 허용. 지분통합법(pooling of interests)은 기존 소유권 유지, 매수법은 신규 소유권 발생 시 사용. 이 기준은 후에 APB 16의 기반이 됨 |
| 1957 | ARB No.48 | 실무 적용 사례 보고서로, 기존 지분통합법의 비현실성을 지적. 실제로는 양측의 장부금액을 합산하지만, 경제적 실질과는 불일치 |
| 1970 | APB Opinion No.16 | 지분통합법 및 매수법 모두 공식 인정. 다만 지분통합법의 적용을 제한하고 매수법 사용 확대. 영업권은 상각 대상으로 명시 |
| 2001 | SFAS 141 | 지분통합법 전면 폐지. 모든 사업결합은 매수법으로만 회계처리하도록 규정. 인식되는 영업권에 대한 상각도 폐지 |
| 2007 | SFAS 141(R) | 기존 매수법 대신 취득법(acquisition method) 도입. 피취득자의 자산·부채를 공정가치로 평가하고 영업권을 비상각자산으로 인식. |

지분통합법을 폐지하고 사업결합의 회계처리를 단일화한 것은 미국의 경우 2001년이고(SFAS 141, SFAS 142), 유럽의 경우는 2004년이지만(IFRS 3), 미국은 2007년 이전에는 취득법이 아닌 매수법을 적용했었고, 2007년 이후에야 취득법을 적용할 수 있게 되었다.

## 3-4 지분통합법에 따른 회계

지분통합법은 "영업 내용이 유사하고 규모가 비슷한 기업 간에 자원을 합해 사업결합을 하는 경우"에 적용하던 회계처리 방법이다. 지분통합법에서 사업결합이란 "합병회사와 피합병회사가 인격의 동일성을 유지하면서 결합하는 행위"다.

지분통합법을 적용하는 사업결합에서는 합병회사와 피합병회사 간에 구매나 취득의 거래는 없고 오직 "합병회사와 피합병회사의 자산과 부채의 결합"이 있을 뿐이다. 따라서 "결합을 통해 승계되는 자산과 부채는 역사적 원가로 기록되며 자본계정 역시 그대로 승계"된다. 그 결과 사업결합에 따른 영업권이나 염가매수차익은 발생하지 않는다.

지분통합법은 기업의 인수·합병이 시작된 20세기 초부터 매수법과 함께 광범위하게 사용되던 회계처리 방법으로, 1950년 ARB No.40을 통해 공식적으로 언급되었다. ARB 40은 사업결합이 매수인지, 지분통합인지 여부를 판단하기 위한 기준으로 지분의 연속성, 두 기업의 상대적인 규모, 경영진이나 경영진을 통제할 수 있는 능력의 지속성, 사업의 특성(유사하거나 상호 보완적이 활동인 경우 지분통합으로 볼 수 있음)을 제시한 바 있다.

## 3-5 지분통합법의 폐기

매수법 이상으로 광범위하게 사용되던 지분통합법 회계는 미국의 경우 2001년 SFAS 141과 SFAS 142에 의해 사용 금지되었고, 유럽의 경우 2004년 IFRS 3의 도입으로 폐기되었다.

1950년의 ARS 40과 1957년의 ARS 48은 매수법과 지분통합법 회계에 관한 광범위한 연구 결과를 담고 있는데, 특히 ARS 48은 지분통합법에 대한 비판적 시각을 전제로 사업결합에 관한 회계처리 방법의 단일화를 제안한 바 있다.

ARS 48은 다음과 같이 지분통합법의 문제점들을 지적했고 이들은 향후 지분통합법의 폐기에 대한 근거가 되었다.

- 사업결합은 대부분의 경우, 한 회사가 다른 회사를 인수하는 것이므로 사업결합을 대등한 합병으로 인식하는 지분통합법 회계는 경제적 실질을 반영하지 못한다.
- 자산과 부채를 장부가치로 인식하는 경우 시가정보를 반영하지 못하므로 투자자들에게 왜곡된 정보를 제시하게 된다.
- 지분통합법을 적용하는 경우 사업의 인수가격과 자산, 부채의 장부가치 사이의 차이인 영업권이 소멸되어 정보가 왜곡된다.

## 3-6 취득법회계 비판

사업결합은 사업활동을 영위하는 기업 간에 빈번히 발생하는 경제 행위다. 한 기업이 다른 기업의 지배권을 유상으로 취득하기도 하고 기업 간의 주식 교환을 통해 둘 이상의 기업이 경제적인 통합을 하기도 한다. 사업결합을 회계적으로 어떻게 바라보고 어떻게 회계에 반영할 것인지에 대해서는 학계와 실무에서 오랜 논의가 있어 왔다. 취득법과 지분통합법 등 몇 가지의 서로 다른 방법이 논의되고 채택된 바 있었지만 현재 IFRS와 US GAAP 아래에서 모든 사업결합은 취득법에 따라 처리된다.

### 사업결합은 사업의 인수인가?

취득법은 사업결합을 사업의 인수(취득)로 본다. 한 기업이 다른 기업의 사업을 취득하는 것으로 여기는 것이다. 취득법회계에 따르면 사업결합 과정에서 인수기업은 피인수기업에 대한 지배력을 확보함으로써 피인수기업의 사업을 취득하며 궁극적으로는 피인수기업이 보유한 자산과 부채를 인수한다. 이때, 인수기업은 피인수기업의 자산 및 부채와 함께 영업권도 인수하므로 이 영업권을 인수기업의 자산으로 인식한다. 반면 지분통합법에서는 사업결합을 두 기업 간의 통합으로 본다. 따라서 회계상으로도 두 기업의 재무가 합쳐질 뿐, 기업결합에 의한 새로운 자산(영업권)의 인식은 필요하지 않다.

취득법과 지분통합법의 선택적 사용이 가능하던 과거와 달리 모든 사업결합에 취득법만을 허용하게 된 현재, 모든 사업결합은 두 기업의 통합이 아니고 한 기업이 다른 기업을 취득하는 사업의 인수로 간주된다.

## 사업의 인수는 자산의 취득인가?

모든 사업결합이 사업의 인수인지에 대해서 의문이 없는 것은 아니다. 하지만 상당히 많은 경우, 사업결합은 지배력 확보를 통한 사업의 인수 또는 사업의 취득임이 분명하다. 특히 현금의 지출을 통한 지분 인수의 경우에는 더욱 그렇다. 하지만 사업결합이 "사업의 인수"라고 하더라도, "사업의 인수"가 곧 "사업을 구성하는 개별 자산 및 부채의 취득"인지에 대해서는 여전히 몇 가지 의문이 제기된다.

첫째, 사업의 인수와 자산, 부채의 개별적인 취득은 성격이 다른 경제적 사건이다. 사업의 인수란 (특히 기업의 형식을 통한 사업의 인수인 경우) 통합되어 하나의 생태계를 이룬 자산과 부채의 결합체를 인수하는 것이지, 사업을 구성하는 개별 자산과 부채를 각각 인수하는 것이 아니다. 따라서 지배권 획득을 통한 사업의 인수를 자산, 부채의 취득과 동일한 경제적 사건으로 이해하는 것은 논리적 비약이다.[9]

둘째, 사업의 인수란 사업을 보유하는 소유주의 변경, 즉 소유권의 변경이지 사업의 형식이나 내용의 변경은 아니다. 사업의 소유주가 변경되었다고 운영 중인 사업을 구성하는 자산과 부채의 결합 방식이 변경되는 것도 아닐뿐더러 자산과 자산, 자산과 부채 사이의 상호 작용이 달라지는 것도 아니다.[10] 소유권의 변경 이후 사업의 재편을 통해 사업의 형식이나 사업의 내용이 바뀌는 경우가 있을 수 있지만 이것은 사업의 인수와는 다른 사업 재편이라는 별도의 독립적인 결정에 따른 변경이다. 따라서 사업결합을 자산, 부채의 새로운 취득과 동일시하는 것은 타당하지 않다.

셋째, 사업의 인수로 소유권에 변동이 생겨 피인수기업이 인수기업의 종속회사가 되는 경우 경제적 그리고 법적으로 두 기업 간의 지배·종속 관계가 형성되는 것은 사실이다. 하지만 새로 형성된 지배·종속 관계는 두 기업 간의 지배구조상의 문제일 뿐 회계의 문제는 아니다. 두 기업 간 지배구조상 새롭게 지배·종속 관계가 발생한다 하더라도 이 관계가 두 기업의 사업을 구성하는 자산, 부채들을 통합해서 보고하는 연결 보고에 영향을 미쳐 자산 부채를 재평가할 이유는 없어 보인다.[11]

결국 사업결합이란 기업 지배구조상 지배·종속 관계를 만드는 사건이기는 하지만 그것을 회계상으로 자산·부채를 개별적으로 구입하는 (또는 개별 구입 후 재구성 또는 재편시키는) 사건으로 볼 근거는 없다는 것이다.

## 주식스왑에 의한 사업결합

현금 지급을 통한 사업결합이 지분 인수를 통한 사업의 인수임은 부인하기 어렵다. 현금을 수취한 피인수기업의 주주는 기업과 기업의 지배권을 매각하고 사업을 떠나며, 현금을 지급한 인수기업은 기업과 기업의 지배권을 매입하기 때문이다.

하지만 주식스왑을 통한 사업결합의 경우, 그것이 진정한 사업의 매각 또는 사업의 인수인지에 대하여는 이견이 존재한다. 주식스왑으로 지분을 교환하는 사업결합의 경우, 피인수기업의 주주는 보유 중이던 피인수기업의 지분은 포기하지만 포기의 대가로 인수기업의 지분을 확보하게 된다. 결국, 사업결합 이전 두 기업의 주주들은 서로 다른 기업의 지분을 보유하고 있었지만 사업결합 이후 두 주주는 모두 인수기업 한 회사의 주주로 남게 된다. 두 기업의 주주들 중 누구도 사업을 매각하고 떠나지 않는 이 경제 행위를 무조건 사업의 매각 또는 사업의 인수라고 정의하는 것이 타당한지에 대해서 의문이 제기된다.

주식스왑에 의한 사업결합은 서로 독립적이던 두 개의 사업을 통합하여 공동의 사업으로 만드는 작업에 가까워 보인다. 따라서 주식스왑에 의한 사업결합을 사업의 인수로 보고 취득법을 적용하는 것은 적절해 보이지 않는다.

### 취득법회계의 전제에 대한 의문

취득법회계의 전제는 기업 간의 지배·종속 관계를 만들어 내는 기업결합이라는 사건이 인수기업이 피인수기업의 자산을 신규 취득하는 사건과 동일하다는 것이다. 하지만 이 논리에 대한 검증은 충분하지 않은 채 취득법회계는 사용되고 있다.

한 기업의 소유권을 인수하거나 지배권을 획득하는 행위와 그 기업의 자산 및 부채를 인수하는 행위는 법적으로도 경제적으로도 분명히 다른 행위다. 이렇게 경제적 본질이 다른 사건을 회계적으로 동일하게 보아 지배권을 확보한 기업이 피인수기업의 자산과 부채를 시가로 재평가하는 방식의 회계(취득법회계)는 재검토가 필요하다.

## 제4절
## 영업권 회계 비판

앞서 제3절의 제6항 "취득법회계 비판"에서 언급된 바와 같이 사업결합을 사업의 인수로 보고, 사업의 인수를 자산, 부채의 취득으로 보는 취득법회계가 타당한지에 대해서는 의문이 제기되어 왔다. 사업결합을 사업의 인수라고 볼 수는 있지만, 사업을 구성하는 자산 부채의 인수로 볼 수는 없다는 것이다. 사업의 인수란 사업의 소유권, 즉 지배력의 확보일 뿐 자산, 부채의 개별적 취득과는 엄연히 다른 것이라는 생각에 근거하고 있다.

사업결합을 회계적으로 자산, 부채의 개별적 취득과 동일하게 인식하는 취득법회계가 채택되면서 기업의 재무보고는 다양한 비판에 노출되고 있다. 그리고 그 중심에는 취득법의 적용으로 탄생한 영업권에 대한 비판이 자리 잡고 있다.

이하에서는 취득법에 따라 탄생한 영업권 및 영업권의 인식에 대한 비판을 살펴보고자 한다.

## 4-1 영업권의 인식

현행 회계기준에 따른 영업권의 회계처리는 다음과 같다.

### 사업결합기준서와 영업권

사업결합이 발생하는 경우, 취득기업은 피인수기업의 영업권을 대가를 지불하고 취득하는 것으로 보아 자산으로 인식하고 보고한다. 이때 영업권의 가치는 취득기업이 지급하는 인수대가 중 피인수기업의 순자산가치를 초과하는 금액으로 한다.

### 무형자산기준서와 내부창출영업권

기업이 내부적으로 자체 창출한 영업권은 회계상 영업권으로 인식하지 않는다. 다만 영업권을 구성하는 요소 중 일부인 특허권이나 상표권 등이 등록 또는 등기되는 경우 별도의 무형자산으로 인식할 수 있다. 이때 자산의 가치는 등록과 등기 등에 지출된 비용으로 한다.

## 4-2 영업권 회계에 대한 비판

이 같은 회계처리에 대한 비판은 매우 다양하고 광범위하다. 영업권의 자산성에 대한 의문에서부터 영업권의 가치측정과 후속측정의 문제까지 이어진다.

### 자산성에 대한 의문

사업결합을 통해 자산으로 인식된 영업권은 자산으로서의 정체성이 확인된 자산이 아니다. 기계장치, 공장 건물, 사무실 등과 같은 유형자산의 경우, 자산의 성격이 분명하며 생산이나 판매에 대한 기여 또는 업무용 자산으로서의 기여가 구체적이고 분명하다. 필요시 매각을 통해 가치를 회수할 수 있다는 점에서도 자산으로서의 정체성이 분명하다.

무형자산의 경우에도 상품권이나 특허권, 저작권 등은 자산으로서의 성격이 분명하다. 법에 명시되어 있고 법에 의한 보호를 받는다. 수익창출에 대한 기여나 처분을 통한 가치의 회수가 가능하여 자산으로서의 정체성에 대해서도 의문의 여지가 없다.

반면 영업권의 경우, 그것이 사업 과정에서 창출된 것이든 기업결합을 통해 얻게 된 것이든 회계기준이 스스로 정한 식별의 기준을 충족시키지 못할 뿐 아니라 그 구성 내용이 무엇인지조차 분명치 않다. 가치창출에 대한 기여도 역시 불분명하며, 별도의 매각이 불가하기 때문에 처분을 통한 가치 회수도 보장받기가 어렵다. 자산으로 인식하는 것이 타당한지 의문을 가질 수밖에 없다.

영업권은 회계 영역을 벗어나서는 자산으로 인식되고 있지 않다. 특히 법적으로는 영업권을 보호할 자산으로 정의하고 있지 않을 뿐 아니라 권리 행사의 대상으로 보고 있지도 않다.

## 잘못된 인식의 방식

재무보고상의 모든 영업권은 사업결합에 관한 취득법회계의 결과물이다. 취득법회계에 따르면 인수기업은 기업인수의 대가로 지급한 금액에서 인수하는 개별 자산의 가치를 공제한 차액을 영업권으로 인식한다. 이 방식에 의한 영업권의 인식은 회계의 일반 공식을 따르고 있지 않다. 회계의 일반 공식은 기업이 자원을 투입하여 새로운 자원을 취득(또는 생산)하는 경우 취득(또는 제조를 통해 생산)하는 자산을 식별한 후, 그 자산을 회계상 인식할 것인지 결정하고, 마지막 단계로 그 자산의 가치를 측정해 인식한다.

취득법회계에 따른 영업권의 인식은 이와 같은 공식을 전혀 따르지 않고 있다. 자산의 식별이 생략된 채 자산의 화폐적 가치를 미리 결정한 후, 해당 화폐적 가치가 대표하는 권리 또는 자산을 영업권이라고 간주하여 보고하는 것이다.

이런 방식으로 인식하고 보고된 영업권이 여타의 유형 및 무형 자산과 동일한 수준의 정보 유용성을 갖고 있는지에 대해서는 많은 의문을 갖게 된다.

## 취득원가(역사적 원가)의 부당성

모든 자산은 취득 시 동 자산을 취득하기 위한 대가로서의 지출액(역사적 원가)으로 측정되고 보고된다. 영업권의 가치 역시 취득을 위해 지출한 금액(역사적 원가)으로 측정되어야 한다. 하지만 사업결합으로 인식하는 영업권의 가치는 별도의 측정이나 가치평가의 과정을 거치지 않고 결정된다. 사업결합기준서에 따라 계산된 금액(기업인수대가－개별자산가치)을 영업권의 가치로 정하게 된다. 이 가치 속에 인수한 영업권에 대한 대가 이외의 다른 요소들이 포함되어 있다는 주장은 반박하기 어렵다.

영업권과 기타 요소를 분리하기 위해서는 영업권의 가치산정을 위한 별도의 측정 또는 평가 절차를 거쳐야 하며 그렇게 결정된 영업권의 가치와 사업결합기준서에 의해 결정된 가치의 차이는 손익계정에 반영하거나 자본과 상계하는 방식 등과 같이 별도로 처리되어야 할 것이다.

### 후속측정의 문제

사업결합으로 취득한 영업권의 후속측정 방법은 대체로 상각의 방식과 손상의 방식으로 구분된다. 회계기준마다 방법이 다르며 동일한 회계기준에서조차 시기별로 다른 방법을 채택하고 있다. 하지만 두 방법 모두 충분한 타당성을 인정받지 못하고 있다.

■ **상각 방법**

영업권의 가치가 시간의 경과에 따라 하락하고 궁극적으로 소멸한다는 전제를 하고 있는데, 사실인지 알 수 없다. 상각 대상기간에 대한 판단도 어렵다. 유형자산의 경우 시간의 경과나 자산의 사용량에 따라 일정하게 가치가 감소하는 것이 사실이며 가치감소 패턴도 비교적 일관되므로 상각 방식의 적용은 타당하다. 하지만 영업권의 경우 가치감소 패턴의 일관성을 장담할 수 없을 뿐 아니라 가치가 감소할지, 반대로 상승할지조차 분명하지 않다.

■ **손상 방법**

손상의 인식이 필요한 것은 사실이다. 하지만 손상금액을 결정하는 것이 현실적으로 어렵다. 손상금액을 정하기 위해서는 영업권의 현재가치를 측정해야 한다. 하지만 기업결합 당시부터 측정을 하지 않고 인식한 영업권의 현재 가치를 후속적으로 측정하는 것이 타당한 것인지 알 수 없고 현실적으로 가능한지도 의문이다.

### 손익계산서의 유용성

사업결합으로 인식한 영업권은 손익에도 지속적인 영향을 미친다. 상각이나 손상의 인식 때문이다. 산업의 변화와 발전으로 인수·합병에서 발생하는 영업권 금액(인수가치와 자산가치의 차이)이 커지면서 그 영향은 더 커지고 있다.

거대 영업권의 상각으로 기업의 영업이익이 지속적으로 상쇄될 때 이를 반영한 손익계산서의 유용성은 의심을 받게 된다.

### 자기창출영업권과의 형평성

현행 기준서상 사업결합을 통해 인수한 기업(피인수기업)의 영업권은 자산으로 인식하는 반면, 스스로 내부창출한 자기창출영업권은 어떤 경우에도 자산으로 인식하지 못한다. 동일한 성격과 동일한 유형의 영업권에 대한 서로 다른 회계처리는 사업결합 이후 인수기업의 재무정보에 대한 신뢰성을 심각하게 훼손하는 것이 분명하다.

동일한 시점에 동일한 사업을 시작하여 동일한 성과를 낸 2개의 기업 중 한 기업이 다른 한 기업을 인수하여 하나의 기업이 되는 경우, 통합된 회사의 재무보고에는 피인수기업의 영업권만이 포함된다. 이 경우 인수기업의 연결재무제표상 총 자산은 반쪽짜리의 왜곡된 정보를 제공하여 투자자를 혼란스럽게 한다. 이렇게 왜곡된 정보가 투자자가 원하는 정보인지에 대하여는 오래전부터 문제가 제기되어 왔다.

### 사업결합의 유무에 따른 재무정보의 차이

사업의 유형과 규모가 동일하고 재정 상태와 손익 또한 유사한 두 기업은 재무보고 역시 동일하거나 유사할 것이다. 하지만 두 기업 중 하나는 사업결합을 통해 성장한 기업이고 다른 하나는 사업결합 없이 독자적으로 성장한 기업이라면, 두 기업의 재무보고 내용은 크게 달라진다. 전자의 재무상태표에는 상당한 금액의 영업권이 포함될 것이지만 후자의 재무제표는 그렇지 않을 것이다. 상당한 금액의 영업권 상각이나 손상차손의 인식으로 인해 손익계산서 역시 크게 달라질 것이다.

이처럼 취득법에 따른 영업권의 인식은 동일한 모습의 기업에 대한 재무보고를 상이하게 함으로써 비교 가능성을 심각하게 훼손할 수 있다. 실제로 사업의 내용과 규모가 매우 유사한 정보통신 업계의 두 경쟁사에 대한 재무정보를 분석한 결과 사업결합이 있었던 기업과 그렇지 않은 기업의 재무정보 사이에 영업권 등의 인식으로 인해 자산

규모에 상당한 격차가 발생함이 발견되었다. 지속적인 사업결합을 통해 성장해 온 기업의 경우 대규모의 영업권으로 인하여 그렇지 않은 기업에 비해 상당히 많은 자산을 보유하고 있어 두 회사 간 정보의 비교 가능성이 심하게 훼손되었음을 확인했다. 대규모 인수·합병을 했던 대형 은행의 경우에도 인수한 영업권으로 인하여 정보 유용성과 비교 가능성에 의문이 제기된 바 있다.

## 제5절
## 개선을 위한 제언

재무보고상 영업권은 기업이 사업결합을 통해 타 기업으로부터 인수한 자산이다. 기업의 인수·합병이 빈번해짐에 따라 영업권을 보고하는 기업의 수가 증가하고 있다. 새로 인수한 영업권의 개별 금액도 커지고 있다. 피인수기업의 성격이 기술 집약적 기업이나 플랫폼 사업자로 바뀌면서다.

하지만 이렇게 규모가 커진 영업권의 정체성에 의문이 커지고 있다. 자산인지 의심스럽고 자산이라 하더라도 그 성격이 무엇인지 분명하지 않다는 비판에 노출되어 있다. 계상된 금액의 타당성에 대해서도 의문이 커지고 있다. 영업권의 후속 평가는 더 큰 쟁점이다. 보유한 영업권은 시간의 경과와 함께 그 가치의 변화를 겪는데 그 변화를 어떻게 확인하고 측정할지에 대하여 해법을 찾지 못하고 있다.

영업권의 자산 인식에 따른 문제를 해결하기 위해서는 영업권 인식의 원천인 취득법에 대한 재검토가 필요하다. 취득법을 계속 고집하는 경우, 회계정보의 신뢰성은 추락할지 모른다.

취득법의 적용이 타당하지 않다면 취득법의 대안으로 지분통합법의 재도입을 고려해야 한다. 거래의 성격이나 유형에 따라 지분통합법을 허용해야 한다. 취득법을 계속 유지하는 경우라면, 인식한 영업권의 일시상각을 고려할 수 있다.

## 5-1 취득법의 유효성에 대한 재고

기업들의 재무제표상 영업권을 자산으로 인식하는 이유는 사업결합을 취득법에 따라 회계처리하기 때문이다. 회계기준이 취득법의 전신인 매수법을 공식적으로 인정한 것은 1970년이다. 그렇지만 기업들은 그 이전부터 관행적으로 매수법을 이용해 사업결합을 회계처리해 왔다.[12] 이렇게 역사가 오래된 취득법은 2000년대에 들어와 IASB와 FASB가 각각 사업결합에 대한 기준서를 개정하면서 사업결합에 대한 유일한 회계처리 방식으로 자리 잡았다.

취득법의 정당성(또는 지분통합법 폐지의 타당성)은 2001년 지분통합법 폐지 당시 제시된 근거를 통해 확인할 수 있다. 지분통합법이 폐기된 중요한 이유로 SFAS No.141과 SFAS No.142를 포함한 복수의 문헌들은 다음과 같은 점을 지적한다.

첫째, 모든 사업결합은 우월한 위치의 기업이 타 기업을 인수하는 것이므로 사실상 취득에 해당된다.

둘째, 인수가 아닌 합병의 경우에도 경제적 실질은 취득이다.

셋째, 지분통합법에 의한 회계정보는 유용하지 않다. 특히, 자산이 과소평가된다.

넷째, 지분통합법을 남용하는 경우가 많다. 자산을 원가로 인수한 후 매각하여 이익을 실현하는 경우가 그러하다.

이 네 가지의 주장은 모든 사업결합은 사업의 취득이라는 전제하에서만 가능한 주장이다. 하지만 모든 사업결합이 "취득"이라는 가정(또는 전제)은 타당해 보이지 않는다. 사업결합 중에는 기업통합의 성격을 가진 결합도 많기 때문이다.

대가가 현금으로 지급되지 않고 주식스왑의 형태로 이루어지는 사업결합의 경우, 그 성격은 사업의 취득이라기보다는 기업통합에 가깝다.[13] 따라서 취득법을 적용해야 할 근거는 부족하다.

대가가 현금으로 지급되는 사업결합의 경우, 해당 사업결합은 기업의 통합이 아니라 사업의 취득으로 보는 것이 일견 타당해 보인다.[14] 하지만 이 경우에도 사업결합에 의한 취득이란 '사업'의 취득이지 사업을 구성하는 자산과 부채의 취득은 아니라는 주장에 힘이 실리고 있다. 따라서 이 경우에도 취득법의 타당성은 충분하지 않다.

모든 사업결합이 단순히 한 기업이 다른 기업을 취득한 것이라고 전제하고, "기업의 취득=자산 및 부채의 취득"이라고 해석하는 주장은, 그 정당성을 확보하기 어렵다.

## 5-2 지분통합법의 회복

주식스왑을 통한 사업결합의 경우, 사업결합 이후에도 종전의 주주가 사업을 떠나지 않고 주주로 남는다. 이때의 사업결합은 사업의 취득이 아닌 기업통합의 성격을 갖는다. 따라서 취득법회계의 적용은 적절해 보이지 않으며, 지분통합법의 적용이 보다 타당해 보인다.

현금 지급을 통해 이루어지는 사업결합의 경우, 피인수기업의 주주가 지분을 양도 후 사업을 떠나게 되므로 이 경우의 사업결합은 지분통합이 아니고 사업의 취득임이 분명하다. 하지만 이 경우에도 취득법에 의한 회계처리가 항상 타당하다고 보기 어렵다. 취득법이 사업의 취득을 피인수기업이 보유한 자산과 부채의 취득으로 간주하기 때문이다. 사업결합이 사업의 인수(또는 취득)이기는 하지만 그것이 지배구조의 변화만을 수반할 뿐 사업에 포함되는 개별 자산과 부채의 취득은 아니라는 주장은 상당한 타당성을 인정받고 있다.

취득법회계가 정당성을 잃어 어떤 형식의 사업결합에도 적용할 수 없다면 취득법 대신에 지분통합법의 소환이 불가피하다.

## 5-3 취득법의 유지와 영업권의 일시상각

취득법을 적용해 인식된 영업권이 회계의 신뢰성을 저해한다는 비판은 지속되고 있다. 영업권의 후속처리 방법에 관한 논란도 해결의 기미가 없다. 이 문제를 해결하기 위한 방안으로 인식된 영업권을 즉시 상각하는 방법을 고려할 수 있다. 합병의 결과 영업권을 인식하되 인식과 동시에 전액을 상각하는 방법이다. 이 경우 영업권의 일시상각은 손익이 아닌 자본금의 상계 방식으로 하는 것이 바람직하다. 영업권 일시상각의 장점은 다음과 같다.

첫째, 영업권으로 인한 자산의 과대평가를 방지할 수 있다.

둘째, 측정이 불가능한 자산의 인식을 피할 수 있다.

셋째, 영업권 상각이나 손상으로 인한 손익정보의 왜곡을 방지할 수 있다.

영업권을 일시상각하는 경우, 상각한 영업권에 관한 추가적인 정보를 상당 기간 투자자들에게 제공하는 것은 필수적이다. 회계의 투명성과 정보 유용성을 확보하는 현실적인 방안으로 제안된다.

영업권을 일시상각하는 경우, 대부분의 사업결합에서 인수기업은 일시적인 자본감소를 겪는 것이 불가피하다. 사업결합과 동시에 영업권에 해당하는 지출만큼을 적자 또는 자본손실로 보아야 하기 때문이다. 이는 특히 기업인수를 계획 중인 기업이나 M&A를 통한 외형 확대를 추진 중인 기업에게 계획 중단의 요인으로 작용할 수 있다.

## 5-4 경제적 중립성(Economic neutrality)과 취득법회계

취득법의 사용을 축소 또는 중단하거나, 취득법의 사용을 지속하지만 기업결합의 결과로 생긴 영업권을 일시에 상각하게 되는 경우, "기업 인수·합병을 통한 사업 확장"이라는 기업의 전략에 장애물이 생기고, 인수·합병이라는 자본시장의 기능이 위축될 수 있다. 영업권의 금액과 재평가되는 무형자산의 금액만큼 자산의 규모가 축소될 수 있기 때문이다.

하지만 취득법회계가 시장에 미치는 영향에 관해서는 다음과 같은 주장도 있다.

“현행의 취득법회계가 기업의 인수·합병을 과도하게 촉진한다.”

“기업이 타 기업을 인수·합병 시에 지불한 모든 대가를 별도의 측정이나 평가 없이 모두 자산으로 인정해 주는 현재의 취득법회계는 경제적 중립성을 해친다.”

취득법 사용의 중단은 기업 인수·합병의 위축으로 이어질 수 있지만 경제적 중립성은 회복될 것이라는 주장이다.

## 5-5 역사적 원가주의와 취득법회계

현행의 재무보고는 원칙적으로 역사적 원가주의에 기반을 두고 있다. 특별한 예외를 제외하고는 대부분의 자산 부채를 취득원가로 측정하고 취득측정 역시 손상이나 가치 하락에 따른 조정을 허용할 뿐 원칙적으로 취득원가를 고수한다. (현행가치의 반영을 허용하지 않는다.)

물론 금융자산 등 일부 자산에 대하여 시가평가가 허용된다. 하지만 이들 예외는 사업용 자산이 아닌 유동성 자산이나 투자자산에 국한된다.

사업결합은 사업의 인수를 목표로 하는 행위이고 사업결합을 통해 인수하는 자산도 대부분 사업용 자산이다. 그렇다면 사업결합을 통해 인수된 자산도 역사적 원가에 따라 측정(또는 인식)될 때 재무보고의 일관성은 유지되고 유용성도 높아질 것이다.

역사적 원가주의와 충돌하는 취득법회계는 재무보고 이용자에게 혼란을 줄 수 있다. 사업결합이 피인수기업의 경영권 인수나 지배력의 확보를 넘어 개별 자산과 부채의 새로운 취득이라는 분명한 논거가 없다면 취득법회계는 재검토되어야 한다.

## 주

1 1810년 판결 시의 영업권은 하나의 독립적인 자산이라기보다는 개별 자산들의 모음으로 이해된다.

2 고객 관계, 입지, 인지도, 신용 등.

3 프랑스 민법에서 말하는 "상점 자산(fonds de commerce)"은 상인이 영업활동을 영위하기 위해 소유하는 유형 및 무형의 자산 집합을 의미하며, 여기에 영업권(good will), 상호(nom commercial), 고객층(clientèle), 거래 계약, 영업비밀, 점포 위치 등도 포함된다. 이는 단순한 물리적 자산을 넘어선 포괄적 개념으로, 프랑스 상법 제1421조 및 관련 판례에서 인정된다.(Code de commerce [C. com.] art. L1421-1; Nicod, M.(2012). *Droit commercial*, Dalloz.)

4 영업권의 개념은 16세기 영국에서 상인 간의 거래 및 분쟁 가운데 형성되었으며, 초기에는 독립된 자산이 아니라 고객 기반, 명성, 시장 내 평판 등 무형 요소들의 집합으로 이해되었다(Bone, 2006). 초기 영업권은 사업자의 독점적 지위를 구성하는 다양한 무형 요소들의 결합체로 간주되었으며, 개별적인 자산이 아닌 영업 시스템 전체의 가치로 평가되었다(Courtis, 1983).

5 기준서 1038호가 내부적으로 창출한 영업권을 자산으로 인식하지 아니하는 이유로 제시한 논거(식별 불가능)는 기준서 1103호의 진술과 정면으로 충돌한다. 기준서 1103호는 용어의 정의에서 "영업권이란 (사업결합을 통해 취득한 자산으로) 개별적으로 식별하고 인식할 수 없는 자산"이라고 정의했다(부록 A 참조). 영업권이란 원래부터 식별할 수 없는 자산이라고 정의하면서 일부 영업권을 인정한 반면, 다른 종류의 영업권은 식별 불가능을 이유로 부인하는 것은 설득력이 없어 보인다.

6 과거에는 취득 이후 잉여금과 즉시 상계하는 것이 가능했고, 일정 기간에 걸쳐 상각하도록 한 바 있었다.

7 영업권에 대한 손상검사와 이에 따른 손상차손의 인식에는 많은 현실적인 어려움이 따른다. 실제로 손상차손을 인식하는 기업은 매우 적다. 이런 현실적 어려움 때문에 미국의 FASB는 2021년 손상검사 방식과 상각 방식을 병행할 수 있도록 허용한 바 있다.

8 매수법은 현재의 취득법과 유사하지만 피인수기업으로부터 인수하는 자산, 부채를 장부가치로 인식한다.

9 세법상 사업의 양수도와 자산의 양수도는 엄밀하게 구분된다.

10 개인이 대주주인 기업의 경우, 주주가 변경되었다고 자산과 부채를 재평가하지 않는 것과 동일하다.

11 자산, 부채를 시가로 재평가하고 존재하지 않던 영업권을 새로운 자산으로 인식하는 것이 타당한지 의문이 제기된다.

12 물론 모든 사업결합에 취득법만을 사용한 것은 아니다. 인수·합병의 성격에 따라 지분풀링법의 적용도 허용되었다.

13 이 경우 사업결합이란 사업결합 이전의 각각 독립적이던 주주들이 사업결합 이후 공동의 주주가 되어 2개의 기업을 공동으로 운영하게 되는 사건이다. 그렇다면 사업결합이란 사업의 매각이나 취득이 아니고 사업과 사업의 통합으로 인식됨이 타당해 보인다. 물론 피인수기업의 주주가 자신이 가지고 있던 기업의 소유권을 인수기업에게 넘기는 1단계의 현상은 미시적으로 볼 때 매각으로 보일 수 있다. 하지만 이어지는 2단계의 현상(피인수기업의 주주가 인수기업의 주주가 되는 현상)까지 고려하면 사업의 매각은 사업결합 전체의 한 부분일 뿐이며 사업결합 전체는 두 기업의 통합으로 보는 것이 타당하다.

14 지분의 대가를 현금으로 받은 주주가 더 이상 피합병기업의 주주로 남지 않고 이탈한다면, 해당 결합은 실질적으로 취득과 매각이 있었다고 간주할 수 있다.

# 3장

# 무형자산 보고서

회계의 역사가 얼마나 되었는지는 분명치 않다. 500년의 전통을 말하기도 하고 3천 년의 역사를 논하기도 한다. 하지만 복식부기와 그에 따른 재무보고가 안정된 것이 20세기에 들어선 이후라는 통설에 대해서는 큰 이견이 없다.

일반목적 재무제표의 작성을 전제로 한 IFRS나 US GAAP은 재무보고의 형식과 내용을 통일시켰고 재무보고에 대한 신뢰를 높여 자본시장의 발전에 큰 기여를 했다. 그러나 현행 회계기준은 그간의 커다란 공로에도 불구하고 비판으로부터 자유롭지 못하다. 발전하는 산업과 시장의 변화를 쫓아가지 못한다는 비판이다. 금융 및 보험업의 회계를 개선하고 공정가치의 개념을 도입하는 등 최근에도 많은 성과가 있었지만, 가상화폐에 대한 회계나, 바이오, 플랫폼 사업 등을 위한 업종별 회계의 수요에 대응하지 못하고 있다는 비판을 피하지 못하고 있다. 더 무거운 지적은 회계가 무형자산에 소홀하다는 비판이다. 기업이 보유한 핵심적인 자산인 무형자산을 방치하고 있다는 지적인데 기업의 가치가 기업이 보유한 무형자산에 크게 의존하고 있다는 사실을 감안하면 이 지적은 뼈아프다.

기업의 활동이란, 투입된 자본을 통해 소비자가 원하는 재화와 용역을 생산한 후 그 산출물을 소비자에게 전달하는 일련의 과정을 말한다(Kieso, Weygandt and Warfield, 2020; Horngren et al., 2013). 이 과정에서 기업에 투입된 현금자본은 실물투자라는 형식을 통해 시설과 설비, 원자재 등 유형의 재화로 전환된다. 이렇게 전환된 자본은 이후 제조와 판매라는 과정을 거치고 결국 다시 현금으로 기업에 유입된다. 제품의 제조 및 판매에 속하는 전통 산업 대부분에서 투하된 자본은 이러한 과정을 거치고 전기, 수도, 통신 등의 서비스 생산과 판매 산업에서도 차이는 없다. 전통적인 회계의 기능은 이 같은 자본의 순환 과정을 추적하고 보고하는 데 있다.

그러나 지식과 정보통신 기술에 기반을 둔 바이오와 지식·정보 그리고 플랫폼 산업의 경우, 투입된 자본의 흐름은 전통 산업 내에서 자본의 흐름과 크게 다르다. 투입된 현금자본의 대부분이 실물투자 대신 연구비나 용역비 등의 지출 형태로 인적 자원에 투입된다. 이들 지출에는 내부 인력에 대한 지출도 있고 용역이나 연구개발(R&D) 등 외부의 인적 서비스에 대한 지출도 있다. 그 성격 역시 관리비와 교육훈련비 등 단순 인건비부터, 연구비와 개발비에 이르기까지 다양하다. 하지만 이들 지출의 공통점은 지출의 대가로 유형의 재화가 유입되지도, 생산되지도 않는다는 점이다. 자본의 순환 과정을 추적하여 보고하는 전통의 회계는 이 지점에서 길을 잃고 만다. 지출의 대가로 유입되어야 할 유형의 재화가 사라지면서 기업의 재무보고는 자금흐름의 추적을 멈추게 된다. 지출의 대가로 얻은 것을 명확히 식별하지 못하는 상황에서 보고를 중단하고 마는 것이다.

인적 투자를 중심으로 사업을 영위하는 지식 기반 기업의 경우 자금의 지출이 단순한 지출인가, 아니면 기업 내부에 가치를 축적하는 활동인가에 대해서는 오랫동안 갑론을박이 이어져 왔다. 무형자산의 존재 여부와 회계적 인식에 관한 논쟁이다.

관련 산업을 영위하는 기업이나 이들 기업에 투자하는 투자자들은 인적 자원에 대한 전략적인 지출도 무형의 가치를 창출하며, 그 가치는 기업에 남아 있다는 점을 인정하고 있다. 저작권이나 특허권과 같은 법적권리 형태의 무형자산, 소프트웨어나 라이선스 계약과 같은 상거래 대상의 무형자산을 보며 독자적인 사업 모델이나 노하우, 오랜 사업활동을 통해 형성된 고객과의 신뢰 관계도 무형의 가치에 포함된다고 믿는 것이다. 하지만 이렇게 축적된 무형의 가치를 재무보고 목적상 자산으로 인식할 수 있는지에 대해, 회계는 아직까지 명확한 해답을 제시하지 못하고 있다. 투자자들은 이미 기업 내부에 축적된 무형자산의 존재를 인지하고 있지만 회계는 이를 수용하지 못하는 것이다.

전통 산업을 전제로 시작되고 발전되어 온 회계가, 지식이나 기술을 기반으로 한 새로운 산업의 가치창출 시스템을 아직까지 수용하지 못하고 있는 사실은 그리 놀라운 일은 아니다. 무형자산에 대한 사회적 인식 자체가 비교적 최근에 형성되었기 때문이다. 하지만 이런 상황은 회계정보의 유용성에 대해 근본적인 의문을 제기한다. 무형자산이 배제된 회계정보가 투자자를 위한 유용한 정보인가에 대한 회의다.

무형자산을 회계에 편입시키려는 노력이 없었던 것은 아니다. 회계기준 제정기구를 포함한 수많은 연구자들이 다각적인 노력을 해 왔고 지금도 관련 연구를 지속하고 있다. 다만, 아직까지 큰 성과를 얻지 못하고 있다. 유형자산과는 성격이 매우 다른 무형자산을 유형자산과 함께 회계의 울타리 안에 수용하는 것이 쉬운 일이 아니기 때문이다.

이하 본문에서는 무형자산에 관한 현행 회계기준의 미비점과 한계를 소개하고 이를 개선하기 위한 새로운 방안들을 소개하고자 한다.

# 제1절
# 산업의 변화와 무형의 투자

지난 30여 년간 산업의 변화는 인류 역사상 유례없이 빠르고 광범위했다. 변화의 동력은 물론 기술의 혁신이었다. 그러나 이 시기 기술 혁신은 과거와는 다른 방식으로 산업을 재편해 왔다. 과거의 기술 혁신이 생산 장비나 설비 등 유형자산에 대한 개선이나 투자의 규모 확대로 이어졌다면, 최근의 기술 혁신은 정보통신 인프라의 구축이나 디지털 플랫폼의 형성처럼 유형이 아닌 무형의 가치에 대한 투자를 통해 산업의 작동 방식을 뒤바꾸어 놓았고, 전혀 새로운 산업들을 탄생시켰다.

## 산업의 변화

지난 수세기 동안 산업은 지속적으로 성장하고 발전해 왔다. 2차 산업인 제조업과 3차 산업인 서비스업은 물론이고, 1차 산업인 농축산업 역시 양적으로 성장했으며, 내용 면에서도 많은 변화를 겪었다. 특히 지난 30여 년간 산업의 변화는 그 규모와 속도는 물론, 변화의 양상에서도 과거의 변화와는 비교할 수 없을 만큼 획기적이고 혁신적이었다.

디지털, 바이오, 나노와 같은 신기술의 등장은 기존의 산업에 믿기 어려울 정도로 큰 영향을 미쳤고, 과거에는 존재하지 않던 새로운 산업들을 태동시켰다. 디지털 기술의 발전은 통신 산업을 근본적으로 변모시켰으며, 전자상거래, 핀테크, 소셜 네트워크 서비스, 정보 제공 플랫폼과 같은 새로운 산업들을 탄생시켰다. 바이오 및 나노 기술의 발전은 예방의학, 진단 서비스, 맞춤 의료, 바이오 신약 개발과 같은 새로운 영역을 개척했다. 뇌 과학 기술의 발전은 디지털 기술과 상호작용하며 인공지능의 탄생을 가능하게 했고, 인공지능은 다시 기계공학과 결합하여 휴머노이드나 자율주행차와 같은 기술의 진보를 이끌고 있다. 자원 및 우주공학 분야의 기술 발전 또한 수없이 많은 새로운 산업의 출현을 가능하게 하고 있다.

## 무형의 가치에 대한 투자

온라인 플랫폼, 소셜 네트워크 서비스, 인공지능 등 새롭게 등장한 산업들은 과거의 전통적인 산업과는 뚜렷이 구별되는 공통의 특징들을 지니고 있다. 이들 산업은 신기술을 기반으로 하며, 지속적인 연구개발이 필수적이고, 끊임없는 기술 경쟁 속에서 운영된다는 점에서 유사하다. 하지만 이보다 더 중요한 공통점은, 이들 산업의 투자 대상이 설비나 장비 같은 물적인 자원이 아니라는 사실이다. 이들 산업에서는 투자 자금이 전통적인 물적 자산(예: 설비, 기계장치 등)에 투입되지 않고, 새로운 사업 모델, 차별화된 콘텐츠, 뛰어난 인적 자원, 배타적인 지적재산권 등 무형의 가치에 투자된다.

물류 산업과 유통업을 위협하는 전자상거래, 금융업의 판도를 뒤바꾼 핀테크, 통신업을 내체하고 있는 소셜 네트워크 서비스는 모두 전통적인 유통업, 금융업, 통신업의 필수 요건인 거대 자본이나 대규모 시설 투자 없이도 성공 가능한 산업들이다. 물론 다소간의 설비 투자가 필요한 경우도 있지만, 이러한 설비 투자가 경쟁에서 이기기 위한 필수 요소는 아니다. 이들 산업에서 가장 중요한 경쟁력은 비교 우위의 사업 모델과 경쟁력 있는 인적 자원에 대한 투자에 있다. 콘텐츠를 중심으로 하는 온라인 게임 산업이나 정보 제공 플랫폼 산업의 경우도 마찬가지다. 시설과 설비는 더 이상 경쟁력의 근원이 아니다. 경쟁력은 보유한 콘텐츠와 지적 자산에서 비롯된다. 비교 우위의 사업 모델, 경쟁력 있는 인적 자원, 대체 불가능한 콘텐츠는 모두 시설이나 장비와 같은 전통적인 유형의 자산과는 다른 차원의 무형자산에 해당한다.

무형의 가치에 대한 투자가 오늘날 산업투자의 중심축이 되고 있다는 사실은 통계적으로도 확인된다. 공식적 통계치에 따르면, 전 세계 GDP 대비 산업투자율은 1970년대부터 2000년까지 지속적인 하락세를 보였다. 당시 이러한 현상의 원인을 두고 다양한 분석과 견해가 제시된 바 있는데, 많은 연구기관과 학자들은 투자 재원의 부족이나 투자 기회의 고갈을 주된 이유로 지적했다. 하지만 이후의 연구들은 이 해석을 뒤집었다. 산업투자율 하락의 원인은 실질적인 투자 감소가 아니라, 통계집계 방식의 문제였다는 사실이 밝혀진 것이다. 즉, 투자의 대상이 유형의 재화에서 무형의 가치로 급속히 전환되고 있음에도, 투자액의 산정은 여전히 공장의 설비 확장이나 새로운 시설과 장비의 취득에만 머물렀기 때문이다. 2000년대에 들어서면서 GDP의 산출 방식은 무형자산에 대한 투자도 산업투자액에 포함하는 방식으로 변화했고, GDP 대비 산업투자율은 다시 상승세로 돌아섰다.

### 무형자산의 축적

전자화학, 자동차, 철강, 정유 등 전통적인 제조업 분야에 속한 기업들뿐 아니라 유통, 금융, 통신 등 전통적인 서비스업에 속한 기업들 역시, 사업초기는 물론 사업 운영의 전 과정에서 대규모의 자금을 투입한다. 투입된 자금의 대부분은 시설 및 설비 투자, 즉 유형자산에 사용된다. 그 결과, 지난 수세기 동안 사회 전반에 걸쳐 막대한 물적자산이 축적되었다.

지난 30여 년 사이 등장한 기술 기반의 신산업들 역시, 사업 초기뿐 아니라 운영 전반에 걸쳐 상당한 자금을 조달하고 투입해 왔다. 하지만 이들 산업이 확보한 자금의 대부분은 설비자산의 취득보다는 인적자원 확보, 사업을 위한 디지털 인프라 구축, 콘텐츠의 확보, 그리고 고객 형성과 유지에 집중적으로 사용되었다.

인력의 확보와 유지, 사업 인프라의 구축, 콘텐츠 확보 등에 사용한 자금은 물적 투자로 이어지지 않기 때문에 그 결과가 눈에 보이지 않으며, 마치 기업의 외부로 유출되는 것처럼 보인다. 실제로 재무회계에서는 이들 지출을 (예외적인 경우를 제외하고는) 자금의 유출, 즉 비용으로 기록한다.

하지만 이 같은 입장에 대해서는 비판이 지속되어 왔다. 인적인 투자의 형식으로 지출된 자금도 상당 부분은 (외부로 유출된 것이 아니라) 무형자산의 형태로 기업의 내부에 축적되고 있다는 지적이다.

무형의 가치를 위한 지출도 유형의 자산처럼 기업 내부에 축적되어 수익창출에 기여한다는 주장은, 다음과 같은 사실들에 의해 뒷받침된다.

첫째, 시설과 장비에 대한 투자 없이, 전략적 지출만으로도 장기간 사업이 유지되는 계속기업이 많다.

둘째, 기업가치를 추정할 때, 무형자산의 가치를 산정하고 이를 기업의 전체 가치에 포함시킨다.

셋째, 기업인수 시 지급되는 인수대가에는 축적된 무형자산에 대한 대가가 포함된다.

넷째, 기업의 자산 중에는 기술특허, 저작권 등 무형의 자산이 존재하며 기업의 상호나 제품의 브랜드 등 시장에서 자산성을 인정받는 무형의 자산들도 존재한다.

다섯째, 소프트웨어, 콘텐츠 등 디지털 자산의 경우 경제적 가치가 인정되고 있으며, 상거래의 대상이 되고 있다.

축적되는 무형의 가치를 자산으로 인식할 수 있는지에 대한 논의는 사회의 여러 분야에서 이어져 왔다. 사회간접자본에 대한 통계 작성이나 정부 지출과 관련한 정책의 수립 과정에서 매우 중요한 문제이기 때문이다. 하지만 무형의 가치를 자산으로 인식할 수 있는지 여부는, 기업의 재무보고에 있어 더욱 절박하고 중요한 논점이 된다. 기업 내부에 축적된 무형의 가치를 기업의 자산으로 보는 경우와 그렇지 않은 경우, 투자자에게 전달되는 정보가 매우 다르기 때문이다.

## 제2절
## 무형자산의 범위와 규모

무형자산은 그 명칭을 통해 알 수 있듯이 물리적 형체가 없고, 눈에 보이지 않는 자산이다. 외부에서 구입하는 경우도 있지만 주로 내부의 인적 투자에 의해 생성되거나 축적된다. 비가시성 때문에 소프트웨어 등 특별한 경우를 제외하고는 식별 자체가 어려운 경우가 대부분이다. 설령 식별이 가능한 경우라 하더라도, 그 다음 단계인 측정이라는 또 다른 문제에 직면하여 식별된 자산의 가치가 얼마인지 산정하기가 어렵다. 그럼에도 불구하고, 무형의 가치창출을 위한 투자의 규모가 어느 정도인지, 그리고 그 결과 사회 전체가 축적해 온 무형자산의 규모가 어느 정도인지를 산출하려는 시도는 지속되고 있다. 정부의 정책 수립은 물론 민간 부문의 투자 의사결정에 있어서도 중요한 정보이기 때문이다.

### 무형투자와 무형자산

소프트웨어, 디자인, 데이터베이스와 같은 정보자산은 물리적 형체가 없는 무형자산임에도 불구하고, 쉽게 식별되고 인식된다. 특허권이나 저작권 등 지적재산권 역시 식별에 문제가 없다. 이러한 자산들을 고려할 때, 무형자산의 존재 자체를 부정하거나 그 경제적 가치를 부인하는 것은 어렵다. 하지만 놀랍게도 무형자산의 존재는 오랫동안 제대로 인식되지 못하고 간과되어 왔다.

무형자산의 존재에 대한 논의는, '투자란 무엇인가'에 대한 논쟁에서 출발한다. 1940년대에 GDP 측정이 시작되었을 당시, 경제학자들은 GDP를 구성하는 투자의 범위를 물리적 재화에 대한 투자로 한정했다(Kuznets, 1941). 즉, 소비와 투자를 중심으로 구성된 국민총생산 체계 속에서 무형에 대한 투자는 제외된 것이다. 1960년대에 들어서면서, 투자의 범위에 설비자산뿐 아니라 지식에 대한 투자나 연구개발 성격의 투자도 포함시켜야 한다는 주장이 제기되기 시작했다(Corrado et al., 2005, 2009). 이 논의가 확대되면서, 공학적인 연구개발은 물론이고 광고, 브랜드, 저작권, 교육을 위한 지출 등도 투자로 간주되어야 한다는 시각이 점차 힘을 얻게 되었다.

1980~1990년대에 걸쳐 컴퓨터의 보급과 컴퓨터 소프트웨어의 확산으로 투자의 개념은 컴퓨터 하드웨어는 물론 소프트웨어에 대한 투자에까지 확대되었고, 그 결과 미국과 유럽의 국가들은 1990년대 중반부터 소프트웨어에 대한 지출을 투자에 포함하여 GDP를 산출하기 시작했다(Corrado, Hulten and Sichel, 2005; OECD, 2013). 이어 2008년에는 연구개발 지출이, 2013년부터는 문화예술 관련 지출이 GDP

산출을 위한 투자의 범주에 포함되면서, 무형자산에 대한 회계적 인식과 통계적 반영이 점진적으로 확대되었다(United Nations et al., 2009; OECD, 2011; Bureau of Economic Analysis, 2014; Haskel and Westlake, 2017).

최초로 무형의 투자를 유형별로 구분하고 제시한 것은 2005년 발간된 코라도보고서(Corrado et al., 2005)[1]이다. 코라도보고서는 무형투자의 범주를 다음의 세 가지 유형으로 분류했다.

첫째, 정보 전산화.

둘째, 혁신적 재산권의 창출.

셋째, 경제적 역량의 강화.

각 범주에는 세부적인 투자 항목들이 열거된다. 정보 전산화에는 소프트웨어 개발과 데이터베이스 구축이 포함되며, 혁신적 재산권에는 과학 및 기술 분야의 연구개발 투자, 광물 탐사, 문화예술 창작 활동이 해당된다. 경제적 역량의 강화에는 시장 조사와 브랜딩, 업무 설계, 경제적 역량 강화를 위한 교육훈련 등이 포함되어 있다. 무형투자의 범위와 유형, 투자액의 측정 방법 등은 국가별, 측정 기관별로 차이가 있지만, 관련 연구를 통해 지속적으로 보완 및 개선되고 있다.

## 무형자산의 정의와 범위

무형자산이란 물리적 형태가 없어서 눈에 보이지 않고 손에 잡히지 않는 자산을 통칭하는 말로서, 무형의 투자를 통해 형성되고 축적된다. 가장 대표적인 무형자산으로는 특허권이나 저작권 같은 법적 권리(지적재산권)를 들 수 있다. 하지만 무형자산 중에는 지식, 소프트웨어, 브랜드 가치, 인적 자본 등 다양한 비물리적 자산이 포함된다. 그 범위가 넓고 다양하기 때문에 어디까지를 무형자산으로 볼 것인지에 대한 경계를 명확히 정하기는 쉽지 않다.

국내 법률 중에서 무형자산이라는 용어를 사용하거나 정의하고 있는 법률은 존재하지 않는다. 유사한 개념으로 지식재산(intellectual property)이라는 용어는 법률에서 정의되고 있으나, 그 의미는 무형자산과 완전히 동일하지 않다. 지식재산에 관한 국가의 정책 및 전략 수

**표 3-1** 지식재산기본법 내 무형자산 관련 용어의 정의

| 유형 | 지식재산 |
|---|---|
| 저작물 또는 저작 인접물 | 문학, 음악, 미술, 영화, 컴퓨터 프로그램 등 다양한 창작물과 이에 인접하는 권리 |
| 산업재산권 | 특허권, 상표권, 디자인권, 실용신안권 등 |
| 신지식재산권 | 기타 새로운 형태의 지식재산 |
| 영업비밀 | 기업의 경영 전략, 제조방법 정보 등 |
| 기타의 지식재산 | 새로운 식물 품종, 설계와 배치도 |

립을 목적으로 제정된 "지식재산기본법"은 지식재산을 "개인이나 단체가 창작과 지적 활동을 통해 발견 또는 창출한 지식, 정보, 기술, 사상, 표현 등의 결과물"로 정의한다. 해당 법률은 **표 3-1**에 제시된 항목들을 지식재산의 범위에 포함시키고 있다. 하지만 지식재산은 무형자산의 한 부분일 뿐 무형자산 전체를 대표하지 않는다.

미국이나 유럽의 경우에도, 특정 법률에서 무형자산을 정의하고 있지는 않다. 심지어 무형자산보다 하위 개념인 지식재산조차도, 단일 법률을 통해 정의되고 있지 않다. 지식재산에 포함되는 특허권, 저작권, 상표권, 영업비밀 등은 각각 별도의 법률에 의해 개별적으로 정의되고 보호되고 있다(United States Code, n.d.; European Commission, 2020). 예를 들어, 미국의 경우 다음과 같은 법률들이 이에 해당한다.

- US Patent Act: 특허법(35 U.S.C. § 1 et seq.)
- Copyright Act: 저작권법(17 U.S.C. § 101 et seq.)
- Lanham Act: 상표법(15 U.S.C. § 1051 et seq.)
- Defend Trade Secrets Act of 2016(DTSA): 영업비밀 보호법 (18 U.S.C. § 1836 et seq.)

무형자산에 관해 법적인 정의는 부재하지만, 각국의 회계기준은 무형자산을 "물리적 형태가 없는 비화폐성 자산"으로 명확하게 정의하고 있다. 그리고 무형자산의 예로는 특허권, 상표권, 저작권, 소프트웨어, 영업권, 라이선스, 프랜차이즈, 개발 단계에서 발생한 지출 등이 일반적으로 열거된다. 다만, 이상의 정의에 따른 무형자산이 모두 재무보고에 자산으로 포함되는 것은 아니다. 각국의 회계기준은 일반적으로 식별 가능성, 물리적 통제 가능성, 미래 경제적 효익이라는 세 가지 요건을 충족하는 경우에 한해 이를 자산으로 인정하도록 규정하고 있다.

## 사회에 축적된 무형자산

무형자산은 무형의 투자를 통해 형성되고 축적된다. 하지만 모든 투자가 무형자산으로 축적되는 것은 아니다. 막대한 자금이 투입된 연구개발 프로젝트 중에는 실패로 끝난 사례가 적지 않다. 성공적인 투자라 하더라도 그 결과가 반드시 자산으로 전환되어 축적되지는 않는다. 예컨대, 중복된 실험과 경합되는 프로젝트에 쓰인 지출은 무형자산으로 전환되지 않으며, 기업 또는 사회의 자산으로도 축적되지 않는다.

무형의 투자를 통해 사회와 경제 전반에 축적된 무형자산의 규모는 과연 어느 정도일까? 아쉽게도 무형자산의 스톡(Stock)에 관한 종합적인 통계나 조사 자료는 찾아보기 힘들다. 그 이유는 크게 두 가지다. 첫째, 무형자산에 대한 (국제적으로) 통일된 정의가 존재하지 않기 때문이며, 둘째, 무형자산의 가치가 무엇인가에 대한 합의 역시 존재하지 않기 때문이다. 물론 구체적인 측정 방법의 적용에도 어려움이 많다. 부분적인 조사 자료가 존재하지만, 이들 자료 역시 신뢰하기 어렵다. 자산의 정의는 조사된 지역과 시기에 따라 달라지고, 측정 방법 또한 조사 목적이나 기관에 따라 상이하여 국가 간 혹은 시계열 간 일관성이 없어 비교를 어렵게 만들기 때문이다.

우주탐사 기술, 해저 도시를 건설하는 기술, 양자 컴퓨터 기술 등은 인류가 축적해 온 위대한 무형자산이며, 막대한 경제적·지식적 가치를 지닌다. 그러나 이러한 자산의 가치를 정량적으로 측정하고 집계하기란 쉽지 않다. 그 기술의 범위는 물론, 성격과 본질조차 명확히 정의하기 어렵기 때문이다. 무형자산을 창출하고 보유하는 주체의 다양성 또한 가치의 측정과 집계를 어렵게 만든다. 기업이 아닌 연구기관, 대학, 공공기관 등은 투자 규모는 집계하지만 그 결과로 남은 무형의 가치(stock)에 대해서는 별도의 관리나 측정을 하지 않고 있는 실정이다.

지역별 투자액을 중심으로 무형자산의 규모를 추산하기 위해 미국과 유럽연합의 투자액을 연도별로 확인하면 **표 3-2**, **표 3-3**과 같다.

2023년 기준, 미국의 경우 GDP에 포함된 총 투자 규모는 약 5.5조 달러(한화 약 7천조 원)에 이른다(표 3-2 참조). 이 중 실물자산에 대

**표 3-2** 미국의 최근 5년간 GDP 및 총 투자 현황 (단위: US Billion dollars, %)

| Yr | GDP(US Bill) | 투자율(%) | 투자액(US Bill) |
|---|---|---|---|
| 2019 | 21,400 | 21.0 | 4,494 |
| 2020 | 20,800 | 20.5 | 4,264 |
| 2021 | 22,900 | 21.5 | 4,923 |
| 2022 | 25,400 | 21.3 | 5,410 |
| 2023 | 26,800 | 20.7 | 5,547 |

자료: CEIC Data.

**표 3-3** 유럽연합의 최근 5년간 GDP 및 총 투자 현황 (단위: US Billion dollars, %)

| Yr | GDP(US Bill) | 투자율(%) | 투자액(US Bill) |
|---|---|---|---|
| 2019 | 17,900 | 21.5 | 3,848 |
| 2020 | 15,700 | 20.2 | 3,171 |
| 2021 | 17,100 | 21.0 | 3,591 |
| 2022 | 16,600 | 22.0 | 3,652 |
| 2023 | 18,600 | 22.2 | 4,129 |

자료: CEIC Data.

한 투자와 무형자산에 대한 투자를 명확히 구분하기는 어렵지만, 관련 연구들에 따르면 총 투자액의 최소 50% 이상이 무형자산에 대한 투자로 추정된다. 이를 적용할 경우, 미국은 매년 약 2.7조~3조 달러 이상을 무형자산의 가치창출을 위해 투자하고 있는 셈이다.

유럽의 경우도 총 투자가 약 4.1조 달러(한화 약 5,500조)에 이르고 있다. 약 2조~2.3조 달러의 무형투자가 이루어지고 있다고 짐작할 수 있다. 미국과 유럽연합의 투자만으로도 매년 무형의 가치를 위한 투자가 최소한 5조 달러 이상 이루어지고 있음을 확인할 수 있다. 하지만 그 결과로 축적된 무형자산이 실제로 얼마나 되는지 규모를 정확히 파악하기는 어렵다. 투자 규모와 전환된 자산 사이의 관계를 찾기가 쉽지 않기 때문이다.

전 세계가 매년 5조 달러 이상의 자금을 무형의 가치창출을 위해 투자하고 있다는 사실은 표 3-4에 제시된 미국경제분석국의 자료를 통해서도 확인할 수 있다.

**표 3-4** 미국과 유럽연합의 최근 10년간 자본재 투자액(무형투자) 현황 (단위: 조 달러)

| Yr | 미국 | 유럽연합 |
|---|---|---|
| 2014 | 3.2조 | 2.25조 |
| 2015 | 3.3조 | 2.3조 |
| 2016 | 3.35조 | 2.35조 |
| 2017 | 3.45조 | 2.45조 |
| 2018 | 3.6조 | 2.55조 |
| 2019 | 3.7조 | 2.6조 |
| 2020 | 3.5조 | 2.55조 |
| 2021 | 3.8조 | 2.7조 |
| 2022 | 4.0조 | 2.8조 |
| 2023 | 4.2조 | 2.9조 |

자료: 트레이딩 이코노믹스, 유로스타트, 미국경제분석국.

## 기업이 보유한 무형의 자산

사회 전체가 아닌 기업들이 보유한 무형자산의 총 규모는 어느 정도일까? 대부분의 기업은 자신이 보유한 자산을 기록하고 정기적으로 보고한다. 회계를 통해서다. 하지만 (이후에 자세히 설명하겠지만) 무형자산에 대해서는 별도의 기록이 존재하지 않는다. 이는 무형의 가치를 위한 대부분의 지출을 '투자'가 아닌 '비용'으로 처리하기 때문이다. 따라서 회계기록만으로는 무형자산의 규모를 파악하기 어렵다.

기업의 전체 가치를 분석함으로써, 그 속에 포함된 무형자산의 가치를 간접적으로 추산할 수는 있다. 기업가치에서 유형자산으로 설명되지 않는 부분을 무형자산의 가치로 볼 수 있기 때문이다.

기업의 가치는 그 기업이 보유한 실물자산의 가치와 (완전히 일치하지는 않더라도) 밀접한 관계를 가진다. 예를 들어, 대규모의 공장과 설비를 보유한 기업의 경우, 그 가치는 기업이 보유한 공장 및 기계의 자산가치와 큰 차이가 없다. 마찬가지로 상업용 부동산이나 현금 또는 금융자산을 보유한 기업의 가치는, 이들 자산의 가치와 크게 차이나지 않는다. 그런데 경우에 따라 실물자산의 가치와 기업가치 사이에 차이가 있는 경우도 있다. 이러한 차이는 기업이 보유한 '보이지 않는 자산', 즉 무형자산의 가치에서 비롯되는 것으로 인식된다. 따라서 기업의 가치가 해당 기업이 보유한 유형자산 가치와 무형자산 가치의 합으로 구성된다는 가정하에, 기업이 보유한 무형자산의 가치가 얼마인지를 짐작할 수 있다는 것이다.

Ocean Tomo의 연구에 따르면, S&P500에 속한 기업들의 기업가치 중 약 90%가 무형자산에서 비롯된다고 한다. **표 3-5**는 미국, 중국, 유럽연합 등 주요 국가 및 지역의 상장기업 시가총액을 집계한 것으로, 2024년 말 기준 전 세계 상장기업의 시가총액은 약 130조 달러에 이른다(World Federation of Exchanges, 2025; Statista, 2025; Bloomberg, 2025). 이 수치를 바탕으로 Ocean Tomo 보고서에 입각한 무형자산의 총액을 추산할 경우, 2024년 말 기준 전 세계 상장기업에 축적된 무형자산의 가치는 100조 달러 이상이다.

**표 3-5** (미국) 증권시장에 상장된 국가별 시가총액 (단위: 조 달러)

| 국가 | 시가총액 |
|---|---|
| 미국 | 60.70 |
| 중국 | 7.88 |
| 일본 | 5.48 |
| 인도 | 4.33 |
| 영국 | 3.89 |
| 유럽연합 | 14.05 |
| 한국 | 1.19 |
| 아시아 | 6.79 |

자료: 트레이딩 이코노믹스, 유로스타트, 미국경제분석국.

무형자산에 관한 연구 및 보고 기관인 "Brand Finance"는 최근 보고서에서, 2024년 기준, 전 세계 주요 기업들이 보유한 무형자산의 가치가 79조 달러라고 보고한 바 있다. 이 금액은 2023년도의 61조 달러보다 18조 달러가 증가한 것으로, 약 28% 증가했다.

전 세계 상장기업의 투자금액에 근거하여 산출한 무형자산의 가치 추정치 100조 달러나 Brand Finance가 집계한 주요 기업들의 무형자산 가치 79조 달러가 정확한 수치라고 말할 수는 없다. 이들 추정치는 많은 가정과 전제를 근거로 산출된 것이며, 부정확한 자료에 기반한 수치일 수도 있다. 하지만 전 세계의 기업들이 매년 엄청난 규모의 무형투자를 계속하고 있다는 사실과 주요 상장기업들이 창출하고 보유한 무형자산의 규모가 이미 100조 달러를 넘어선 것은 부인하기 어렵다.

## 제3절
## 무형자산의 재무보고

재무보고는 기업이 투자자에게 해당 기업의 재무상태와 경영성과를 보고하는 절차이자 행위다. 재무보고를 통해 기업은 투자자가 제공한 자본의 순환 과정을 추적하고 그 결과를 보고한다.

제조업을 중심으로 한 전통적인 산업에서는 투입된 자본이 시설, 설비, 기계장치 등 유형자산으로 전환된 후 생산과 판매 등의 활동을 거쳐 가치를 창출한다. 반면, 기술이나 지식 기반의 신산업에서는 투입된 자본이 유형자산이 아닌 무형자산에 투자된 후 가치창출 활동을 한다.

현행의 재무보고는 유형자산을 통해 가치를 창출하는 전통적인 기업을 기준으로 설계되어 있다. 유형자산을 전제로 자산의 식별과 인식, 가치의 측정 등을 규정하고 있다. 이러한 재무보고의 방식은 무형자산을 중심으로 사업을 영위하는 새로운 성장산업이 재무상태와 경영성과를 인식하고 보고하는 데는 적합하지 않다.

### 3-1 유형자산 vs. 무형자산

특정 산업이나 기업이 전적으로 유형자산에만 의존하여 사업을 영위하는 경우는 드물다. 대표적인 장치산업인 철강이나 시멘트 산업조차 시장에서 살아남고 경쟁력을 유지하기 위해 특수한 공법이나 차별화된 공정을 개발하여 무형의 가치를 창출하고 해당 가치를 지속적으로 유지한다. 즉, 무형자산에 대한 상당한 정도의 의존성이 존재한다는 것이다. 다만, 이들 산업에서 전체 자산 중 무형자산이 차지하는 비중은 상대적으로 낮다. 반면, 전자상거래, 핀테크, 콘텐츠 공급업, 플랫폼 사업자 등은 물적 투자를 통해 사업용 설비자산을 유지하는 경우가 있으나 그 중요성이나 비중이 상대적으로 낮고, 대부분의 투자는 무형자산에 집중된다.

전통적인 제조업[2]이 보유한 사업용 유형자산의 특징은 다음과 같다.

첫째, 물리적 형태를 가지고 있어서 인식과 식별이 용이하다.

둘째, 개별 자산 간 독립성이 유지되어 분리 가능하며, 배타적이다.[3]

셋째, 상품화되어 있고 외부로부터 구매가 가능하다.

넷째, 취득원가와 사용가치 간 관계가 안정적이다.

반면, 전자상거래 사업자나 핀테크 사업자, 온라인 게임 업체, 콘텐츠 공급자 등에게 가치창출의 핵심이 되는 무형자산[4]은 유형자산과는 다른 다음의 특성을 갖는다.

첫째, 물리적 형체가 없고, 가시성이 없어 인지와 식별이 어렵다.

둘째, 자산 간 독립성이 부족하고 상호 의존성이 강하다.[5]

셋째, 구매보다는 자가창출을 통해 확보된다.

넷째, 가치의 변동성이 크며, 취득원가와의 상관관계가 약하다.

## 3-2 무형자산의 재무보고

현행 회계기준은 무형자산을 '물리적 실체가 없지만 식별 가능한 자산'으로 정의하고 있으며, 그 범위 안에 특허권 등과 같은 법적 보호를 받는 지적재산뿐 아니라 고객 관계, 공급자 관계, 조직 역량, 브랜드 가치, 시장 점유율 등을 열거하고 있다. 무형의 투자를 통해 형성된 가치도 "원칙적으로" 보고의 대상으로 인정하고 있다.

하지만 이 범주에 속하는 무형자산이 모두 재무보고에 포함되는 것은 아니다. 회계기준이 열거하고 있는 무형자산이 재무제표상 자산으로 인정되기 위해서는 일반적인 자산의 정의와 무형자산의 정의 속에 포함된 매우 까다로운 조건들(미래 경제적 효익, 통제 가능성, 식별 가능성)을 충족해야 하며, 측정 가능성이라는 더 까다로운 조건까지 충족해야 한다.[6]

법적 보호를 받는 특허권이나 저작권 등은 (외부로부터 구입된 것이든 스스로 창출한 것이든) 대체로 이 조건들을 충족하는 경우가 많다. 하지만 고객 혹은 공급자와의 관계, 브랜드 가치, 조직 역량 등 대부분의 사업용 무형자산은 이들 조건을 충족하지 못하고 있다. 특히 사업을 위한 플랫폼이나 비즈니스 모델과 같은 기업 경쟁력을 결정하는 핵심무형자산들은 더욱 그러하다.

이들이 회계기준이 요구하는 조건을 충족시키지 못하는 이유는 무엇일까? 그 이유는 무형자산의 본질적 특성과 밀접히 관련되어 있다. 형체가 없고 개념적으로만 존재하는 무형자산은 동 자산의 존재를 객관적으로 인지하기 어렵다. 인지가 되는 경우에도 연계된 자산과의 상호 의존성이 강해 배타적인 구분이 어렵다. 측정의 과제 역시 심각하다. 외부 가격이 존재하지 않을 뿐 아니라 내부창출을 위한 원가도 의미가 없어 신뢰할 만한 측정 자체가 불가능하다.

전자상거래 기업이 보유하고 있는 중요한 자산 중 하나는 거래를 위한 플랫폼이다. 전자상거래에 종사하는 S 업체는 10여 년 전 가동을 시작한 플랫폼을 통해 고속 성장을 이루었고, 줄곧 업계 일등을 유지해 왔으며 상당한 정도의 수익도 창출하고 있다. 하지만 이 업체는 해당 플랫폼을 재무제표에 무형자산으로 인식하지 못하고 있다. 그 이유는 이른바 '플랫폼'으로 불리는 이 무형자산의 정체가 분명치 않기 때문이다. 무엇보다 플랫폼이 단순한 소프트웨어인지, 해당 소프트웨어를 기반으로 사업을 영위하는 조직인지, 혹은 이를 이용하는 고객 집단인지가 명확하지 않다. 플랫폼은 이 세 가지 또는 그 이상의 요소를 모두 포함하는 상호 의존적인 요소들로 구성된 복합적인 자산일 수도 있다. 하지만 무형자산의 속성상 각 요소들을 구분하고 식별하는 것은 불가능에 가깝다. 회계적으로는 자산 간의 구분과 식별이 자산 인식의 선행 조건인데, 이 조건들을 충족시키지 못하는 것이다.

회계가 무형자산을 자산으로 인식하지 못하는 또 하나의 이유는 내부창출영업권의 인식을 명시적으로 금지한 회계기준의 규정이다. 기업이 인수·합병 과정에서 지급한 인수대가가 피인수기업의 순자산가치를 초과하는 경우, 그 초과분은 K-IFRS 제1103호에 따라 "영업권"으로 인식되고 보고된다. 이렇게 인식한 "영업권"은 형식상 무형자산과는 구분되는 별도의 자산이지만 사실상 무형자산이 결합된 복합적인 형태의 무형자산이라 할 수 있다. 동일한 논리를 적용한다면 인수·합병이 아닌 사업 수행과정에서 창출된 복합적인 무형자산 역시 "영업권"과 유사하게 자신의 인식이 가능하다. 하지만 무형자산기준서 K-IFRS 제1038호는 내부창출된 영업권에 대해서는 자산으로 인식하는 것을 금지하고 있다.

결국 기업은 법적으로 보호받는 지적재산권이나 외부에서 취득한 일부 소프트웨어를 제외하고는 대부분의 핵심적인 무형자산은 재무제표상 개별 자산으로 인식할 수 없으며, 복합적인 형태의 무형자산인 영업권으로조차도 인식할 수 없다.

성장산업에 속하는 많은 기업들의 경우, 무형의 가치를 창출하기 위한 지출 규모가 유형자산 취득을 위한 투자액을 초과하고 있다. 사업에 사용되는 자산 중 무형자산이 차지하는 비중이 유형자산보다 더 크다는 의미다. 그럼에도 불구하고 중요한 사업용 무형자산의 대부분은 재무보고에서 누락되고 있다.

【참고】 Appendix 1 무형자산기준서 제1038호

## 3-3 개선의 필요성

무형자산의 누락은 재무보고의 유용성을 훼손시키고 있다. 이로 인한 혼선과 피해 중 중요한 문제는 다음과 같다.

### 중요한 무형자산의 누락

현행 재무보고를 무형자산을 중심으로 분석한 여러 연구에 의하

면, 기업들이 재무보고에 포함시키고 있는 무형자산 대부분은 기업의 핵심 역량과는 관계없는 비주력자산에 해당한다. 외부에서 구입한 사무용 소프트웨어나 기업이 보유한 멤버십 관련 예치금이 대표적이다. 일부 기업의 경우, 업무와 관련된 특허권이나 상표권이 포함된 경우도 있지만, 이들도 해당 권리(또는 자산) 자체의 가치가 아니라 등록 시 발생한 행정 비용을 자산화한 것에 불과하다.

투자자들이 실질적으로 필요로 하는 무형자산에 대한 정보는 특허 및 상표권의 등록비가 아니고 시장에서 구입한 소프트웨어의 원가는 더욱 아니다. 투자자는 기업 경쟁력의 원천이며 기업이 영업수익을 창출하는 데 기여하는 핵심적인 무형자산의 구체적인 가치정보를 원한다. 제약 회사가 개발하고 보유한 중요 약품 관련 특허의 가치, 항공사가 보유한 각 항로에 대한 운항권의 가치, 검색엔진 기업이 보유한 핵심 소프트웨어의 가치, 온라인 게임사가 갖고 있는 인기 게임의 권리, 플랫폼 기업이 보유한 주요 플랫폼의 경제적 가치 정보가 성자 투자가가 원하는 정보다. 하지만 이들 무형자산 대부분이 식별과 측정이 불가하다는 이유로 재무제표 보고에서 누락되고 있다.

약품의 특허, 운항권, 핵심 소프트웨어, 게임의 권리, 플랫폼 등은 대부분 기업 내부에서 자가창출의 과정을 통해 확보한 자산이다. 자가창출무형자산은 식별도 쉽지 않지만 그 가치를 신뢰성 있게 측정하는 일은 더욱 어렵다.

## 영업권 (복합 무형자산) 인식의 모순

많은 기업의 재무제표에는 합병으로 인해 취득한 영업권이 포함되어 있다. 영업권은 다양한 무형자산의 복합체에 가깝다. 기업 인수·합병이 활발해짐에 따라 피인수기업의 가치가 커지면서 영업권의 금액도 증가하고 있다. 이렇게 인식된 영업권은 다음과 같은 이유로 인해 재무제표 이용자에게 혼란을 주고 있다.

첫째, 일반 무형자산과 달리 합병으로 취득한 영업권은 무형자산의 기본적 인식 요건인 식별 가능성을 충족하지 못함에도 불구하고 자산으로 인식된다. 회계의 원칙이 훼손된다.[7]

둘째, 내부창출 무형자산과 달리 합병을 통해 취득한 영업권은 측정의 어려움에도 불구하고 자산으로 인식된다. 회계처리상의 형평성과 일관성이 훼손된다.

## 합병으로 취득한 무형자산으로 인한 혼란

사업결합을 통해 타 기업을 인수하거나 합병한 기업은, 피인수기업이 보유한 무형자산을 공정가치(시가)로 평가해 재무제표에 인식하게 된다. 여기에는 특허권, 상표권은 물론이고 각종 법적 권리나 계약상 권리까지 포함된다. 반면, 인수기업이 보유한 무형자산은 인식되지도 않고, 보고되지도 않는다. 이러한 불균형은 다음과 같은 회계정보의 혼선과 문제점을 야기한다. 첫째, 동일한 기업이 보유한 무형자산임에도 일부는 공정가치로, 일부는 취득원가로 인식되며, 전혀 인식되지 않은 채 보고되지 않는 경우도 있다. 이로 인해 일관성과 비교가능성이 심각하게 훼손된다. 둘째, 합병 후 인수기업의 재무제표에 반영된 무형자산은 피인수기업으로부터 인수한 자산에 국한됨에도, 마치 인수기업 전체가 보유한 무형자산인 것처럼 오해를 유발할 수 있다. 결과적으로, 재무보고의 신뢰성과 유용성 모두가 저하될 수 있다.

### 보조적·부수적 무형자산만 인식됨으로 인한 구조적 혼란

현행 회계기준 아래, 사업의 동력이 되는 핵심적인 무형자산은 식별과 측정의 어려움으로 인해 재무제표에 반영되지 않는 반면, 상대적으로 중요성이 낮은 비핵심자산만 인식이 허용되는 역전 현상이 발생하고 있다.

상장기업 재무제표에 대한 분석 결과에 따르면,[8] 재무제표에 포함된 무형자산 중 보고의 빈도가 가장 높은 항목은 다음과 같다.

- 소프트웨어 구입비
- 상표권과 특허권 및 면허 등의 등록비
- 단체나 기관의 회원권리 취득을 위한 권리금

대부분 보조적·부수적 자산들로써 사업의 핵심과는 거리가 있는 자산이다.

이 중에서 기업이 많이 보유한 특허권이나 상표권조차도 보고된 금액은 각각의 권리가 가진 가치라기보다 등록이나 인가를 위해 지출한 비용의 합계일 뿐이다. 식별과 측정이 가능하다는 이유로 무형자산으로 보고되는 이들 비용은 무형자산에 관한 정보 이용에 큰 혼란을 주고 있다.

【참고】 Appendix 2 무형자산과 관련한 현행 재무보고 분석

## 3-4 개선을 위한 노력

현행 회계기준에 따른 무형자산의 인식 및 보고 체계가 야기되는 가장 심각한 문제는 핵심무형자산의 누락이다. 기업의 가치창출을 주도하는 핵심무형자산이 재무보고에서 완전히 누락되는 현실은 재무보고의 정체성에 관한 근본적인 문제를 제기한다.

전통적인 제조업이나 서비스업의 경우에도 중요한 무형자산을 보유한 경우는 있었지만, 그 무형자산이 사업유지와 수익창출에 기여하는 정도와 비중은 제한적이었다. 하지만 지난 10여 년간 기술 혁신과

시장 변화의 중심에 위치한 기업들의 경우 무형자산이 사업에서 차지하는 비중은 절대적이다. 많은 학자와 연구기관들은 이러한 현실 인식을 바탕으로 기업이 보유한 핵심무형자산을 재무보고에 반영하기 위한 개선 방안을 모색해 왔다. 그러나 아직까지 성과로 이어지지 못하고 있다.

## 제4절
## 개선의 노력과 장애물

무형자산에 대한 재무보고의 문제를 해결하기 위한 다각적인 연구는 여러 곳에서 진행 중이다. 그 중에는 무형자산을 식별하고 그 가치를 측정하여 재무보고에 포함시키려는 의도로 진행되는 연구가 많다.[9] 그러나 이 시도는 여러 가지 구조적 장애물에 부딪히고 있다. 가장 대표적인 장애물은 현행 회계기준이 요구하는 '자산의 식별 요건'과 '가치의 측정 요건'이다. 무형자산은 대부분 형체가 없고, 서로 의존적인 속성을 지니고 있으며, 시장가격이 존재하지 않기 때문에 식별 가능성과 측정 가능성 요건의 어느 하나도 충족시키기가 어렵다.

## 4-1 개선을 위한 연구

기업이 사업상 보유하는 자산 대부분은 재무보고에 포함된다. 투자자들은 이 정보를 통해 기업의 가치를 짐작하기도 하고, 동시에 동 자산을 통해 기업이 창출할 수 있는 미래의 수익을 추정하기도 한다.

예컨대 제조 업체의 경우, 투자자들은 재무보고를 통해 기업이 보유한 설비의 종류와 규모, 가동 능력 등을 확인한다. 그리고 이 정보를 통해 보고 기업의 현재가치와 미래가치를 유추할 수 있다.

가치창출의 동력이 무형자산으로 이동한 새로운 성장산업의 경우에도 투자자들은 유사한 기대를 가지고 있다. 기업이 보유한 무형자산을 통해 기업의 가치와 수익창출 능력을 평가하려 한다. 하지만 앞서 살펴본 바와 같이, 현행 회계기준의 틀 안에서는 사업을 위해 기업 내에 축적된 중요한 무형자산의 인식과 보고가 불가능하다. 현행 회계기준의 요건들이 이들의 자산 인식을 허용하지 않기 때문이다. 아쉽게도 현행 회계기준에 따라 인식되고 보고되는 무형자산은 사업의 본질과는 관련성이 적은 회원권의 취득원가나 특허권의 등록 비용 등 중요하지 않은 무형자산에 그치고 있다.

전 세계 주요 회계기준 제정기구는 이 같은 현실을 인식하고, 성장산업에 속하는 기업들의 가치창출 원천인 무형자산을 재무보고에 포함시킴으로써 재무보고의 유용성을 개선하려는 시도를 지속하고 있다. 특히 FASB와 IASB는 오래전부터 무형자산의 보고에 관한 다각적인 연구를 해 왔고 개선 방안을 모색해 왔다. 하지만 아직까지 연구는 큰 성과를 내지 못하고 있다. 자산 인식의 핵심 요건인 식별 가능성과 측정 가능성의 문제가 해결되지 않고 있기 때문이다.

FASB와 IASB의 최근 연구는 무형자산의 식별과 측정보다는 자산에 관한 '간접 정보의 제공'에 중점을 두고 있다. 현재까지 진행된 연구는 다음과 같은 세 가지 방식의 정보제공 방법을 제시하고 있다.

첫째, 보유한 무형자산의 성격 등을 서술하는 방식.

둘째, 무형자산을 창출하기 위한 비용이나 지출을 집계하여 보고하는 방식.

셋째, 보유한 무형자산 관련 Metrix(시장 점유율, 플랫폼의 이용자 수 등)를 제시하는 방식.

이들 방식에 따른 간접 정보의 제공은 투자자의 기대를 충족시키기에 부족함이 많다. 투자자들은 유형자산과 마찬가지로 무형자산 역시 그 가치를 평가받고 계량화되어 재무제표의 일부로 반영되기를 기대하기 때문이다.

【참고】 Appendix 3 무형자산과 관련한 회계기준 제정기구의 개선 노력

## 4-2 연구의 장애물

무형자산의 가치측정을 목표로 한 논의와 연구가 성공으로 이어지지 못하는 가장 큰 원인은 현행 회계기준이 규정한 식별기준과 측정기준이다. 무형자산은 유형자산과는 전혀 다른 속성을 갖고 있으며, 이런 속성들 때문에 현행 회계기준이 요구하는 식별기준과 측정기준을 충족시키기 못한다.

### 인식을 위한 요구사항 (1): 식별 가능성

회계기준은 무형자산의 인식 요건으로 "식별 가능성, 통제, 미래 경제적 효익의 존재" 등을 제시하고 있다(K-IFRS 제1038호 문단 10). 이 중 식별 가능성이란 "특정한 거래나 사건 또는 그 결과가 재무제표에 포함될 수 있는 자산이나 부채 등의 요소로 구분될 수 있는지 판단하는 과정"이라고 IFRS의 '재무보고를 위한 개념체계'는 서술하고 있다. 회계기준은 한 걸음 더 나아가 자산의 식별 가능성에 대해 보다 구체적으로 규정하고 있는데, "무형자산이 식별 가능하려면 자산이 분리 가능하거나 자산이 계약상 권리 또는 법적 권리로부터 발생한

것이어야 한다"고 명시하고 있다(K-IFRS 제1038호 문단 12).

### 인식을 위한 요구사항 (2): 측정 가능성

회계기준은 무형자산의 또 다른 인식 요건으로 신뢰성 있는 원가의 측정을 제시하고 있다. K-IFRS 제1038호 문단 21은 "자산의 원가를 신뢰성 있게 측정할 수 있는 경우에만 무형자산을 인식한다"고 규정하고, 문단 26은 "개별 취득하는 무형자산의 원가는 구입의 대가로 지급하는 현금이나 화폐성 자산을 통해 신뢰성 있게 측정할 수 있다"고 명시하고 있다. 이에 따르면, 개별적으로 외부에서 취득하는 무형자산은 취득의 대가를 통해 원가를 측정하여 자산으로 인식할 수 있다. 기준서는 내부적으로 창출한 무형자산의 측정에 대해서도 언급하고 있는데, 문단 65는 "내부적으로 창출한 무형자산의 원가는 지출한 금액의 합으로 한다"고 규정하고 있다. 결국 무형자산의 측정은 1. 취득의 경우, 취득원가로, 2. 내부적으로 창출한 경우, 지출하는 원가의 합으로 측정한다.[10]

## 4-3 무형자산과 인식 요건의 충족

모든 무형자산이 인식 요건을 충족시키지 못해 보고에서 누락되는 것은 아니다. 식별이 가능하고, 측정이 가능한 무형자산도 상당수 존재한다. 하지만 사업상 중요한 자산들은 식별과 측정의 요건들을 충족시키지 못하고 보고에서 누락된다.

### 식별 요건의 충족

회계기준은 무형자산에 포함되는 자산들의 예로, 컴퓨터 소프트웨어, 특허권, 저작권, 영화 필름, 고객 목록, 용역권, 어업권, 수입 할당량, 프랜차이즈, 고객 관계, 공급자 관계, 고객 충성도, 시장 점유율, 판매권 등을 제시하고 있다. 이 가운데 일부는 식별이 가능하지만, 나머지는 그렇지 않다. 컴퓨터 소프트웨어나 영화 필름은 원천적으로 분리 가능한 자산이며, 특허권, 저작권, 어업권, 수입 할당량, 프랜차이즈 계약 등은 법적인 권리를 통해 개별적으로 식별되고 보호된다. 이들 자산은 기준서에서 규정한 식별 가능성 요건을 명백히 충족시킨다.

반면, 고객 관계, 공급자 관계, 브랜드, 고객 충성도, 시장 점유율, 조직의 역량과 같은 사업에 핵심적인 무형자산들은 식별의 요건을 충족시키지 못한다. 개별적으로 분리된 자산이 아니며 법이나 계약에 의한 권리도 아니기 때문이다. 사업을 위한 특수한 비즈니스 모델이나 사업용 플랫폼 등도 마찬가지로 식별 가능성을 충족시키기 어렵다.

### 측정 요건의 충족

식별 요건을 충족하지 못하는 무형자산은 현행 회계기준 아래에서는 원천적으로 재무보고에 포함될 수 없다. 측정 요건의 충족 여부를 확인할 필요도 없다. 고객 관계, 고객 충성도, 시장 점유율, 조직 역량, 공급자 관계, 브랜드 가치 등이 그렇다. 반면, 식별 가능한 무형자산의 경우, 측정 가능성 요건의 충족 여부를 별도로 판단해야 한다. 측정 가능성 여부에 따라 자산으로 인식되어 재무보고에 포함하는 것이 가능할 수도 있고, 그렇지 않을 수도 있기 때문이다.

식별 가능한 무형자산 중 외부로부터 개별적으로 취득한 자산은 구입 대가를 통해 측정이 가능하다. 컴퓨터 소프트웨어나 저작물, 저작권, 특허권, 특정 기술의 사용권, 광업권, 어업권 등을 대가를 지불하고 취득하는 경우가 여기에 해당된다. 식별 가능한 자산이라 하더라도 외부로부터 구매하거나 개별적으로 취득한 것이 아니고 내부적으로 창출한 자산인 경우에는 지출한 금액을 원가로 보고 측정해야 한다. 사업을 위해 자체적으로 개발한 사업용 소프트웨어나 저작권, 특허권 등이 여기에 해당한다.

무형자산을 식별 가능한 자산과 식별 불가한 자산으로 구분하면 표 3-6과 같다.

**표 3-6** 무형자산 유형별 분류표

| 자산의 유형 | 식별이 불가한 자산 | 식별이 가능한 자산 |
|---|---|---|
| 외부취득 | N/A | 소프트웨어<br>저작물<br>저작권 |
| 내부창출 | 고객 관계<br>고객 충성도<br>시장 점유율<br>조직 역량<br>공급자 관계<br>브랜드<br>플랫폼<br>사업 모델 | 사업용 소프트웨어<br>사업용 저작권<br>사업용 특허권<br>기타 사업용 기술<br>기타 사업용 권리 |

## 4-4 핵심무형자산의 인식

사업의 핵심이 되는 무형자산은 예외 없이 자산으로 인식되지 못한다. 많은 자산들이 당초부터 식별되지 않지만 식별이 가능하더라도 측정이 불가하거나 측정된 지출이 그 가치를 충분히 반영하지 못함으로써 사실상 보고에서 누락된다. 현행 회계기준의 무형자산 인식 요건을 근본적으로 바꾸지 않는 한 핵심무형자산이 재무보고에 포함되지 않는 문제점은 개선되기 어려워 보인다.

### 식별 불가능한 핵심자산

무형자산 중 식별 가능한 대부분의 자산은 원칙적으로 측정이 가능해서 자산으로 인식되고 재무보고에 포함될 수 있다. 구입한 소프트웨어나 데이터, 등록 절차를 거친 특허나 상표권 등이 여기에 속한다.

반면, 식별이 가능하지 않은 자산은 원천적으로 인식이 불가해서 재무보고에서 제외된다. 고객 관계, 조직의 역량, 브랜드, 시장 점유율, 공급자 관계 등이 여기에 해당하며, 사업을 위한 특수한 플랫폼이나 비즈니스 모델도 포함된다. 이러한 식별 불가능한 무형자산의 대부분은 기업가치의 유지와 소득 창출의 동력이라는 점에서, 기업에게 가장 중요한 핵심무형자산이라고 할 수 있다.

투자자들이 재무보고를 통해 확인하고 싶어 하는 정보는 바로 이러한 핵심무형자산에 관한 것이다. 하지만 핵심무형자산은 대부분 현행 회계기준상의 '식별 요건'을 충족하지 못하기 때문에 재무보고에서 누락된다.

### 식별 가능한 핵심자산

식별이 가능한 자산 중에도 사업에서 핵심적 역할을 하는 자산은 존재한다. 예컨대, 내부적으로 창출된(외부취득이 아닌) 특허권, 저작권, 기타 유사한 기술이나 권리 등은 수익창출에 중요한 역할을 하며, 영업에 핵심적인 자산인데 등록을 통해 식별이 가능하다. 이들 자산은 내부창출 과정에서 지출된 원가를 통해 측정되어 자산으로 인식된다. 물론 해당 원가가 자산의 실제 가치를 반영한다고 보기는 어렵다.

## 4-5 극복 방안의 탐색

비즈니스 모델이나 사업용 플랫폼은 기업 경쟁력의 원천이다. 고객 관계, 공급자 관계, 조직 역량 등도 기업이 지속적으로 수익을 창출하는 데 핵심적인 무형자산이다. 하지만 이들 자산은 현행 재무보고 체계에서는 상당 부분 누락되고 있다. 현행 회계기준이 유형자산의 특성을 전제로 제시하고 있는 식별 및 측정 요건을 충족시키지 못하기 때문이다.

무형자산을 유형자산의 잣대로 식별하고 측정하도록 하는 방식은 무형자산의 인식과 보고를 원천적으로 차단함으로써 결국 재무보고의 역할을 마비시킨다.

사업을 위한 핵심적인 무형자산을 식별하고 평가하여 재무보고에 포함시키는 일은 재무보고가 맡은 중요한 책무다. 이를 위해서는 유형자산을 전제로 규정된 현행의 식별 요건과 측정 요건에 대한 근본적인 재검토 및 패러다임 전환이 요구된다.

## 제5절
## 무형자산 보고서

무형자산을 중심으로 사업을 영위하는 기업의 경우 무형자산의 재무보고는 절실한 과제다. 하지만 앞서 제4절에서 논의한 바와 같이, 무형자산의 재무보고는 요원한 상황이다. 특히 사업의 중심이 되는 핵심무형자산의 보고는 불가능하다. 현행 회계기준이 제시하는 두 가지의 무형자산 인식 요건—식별 가능성 및 측정 가능성—을 충족하기가 사실상 불가능에 가깝기 때문이다.

이 절에서는 이와 같은 현실적 한계 속에서도 핵심무형자산을 인식하고 보고하려는 일련의 노력들을 조명해 보고자 한다.

## 5-1 기대와 현실

투자자들은 기업이 보유한 핵심적인 자산이 무엇이며, 그 가치가 얼마인지 재무보고를 통해 파악하기를 원한다. 핵심자산을 통해 사업을 이해하고 기업을 이해할 수 있으며, 기업가치를 추정할 수도 있다고 믿기 때문이다.

자원의 대부분이 시설과 설비인 전통적인 산업에서는 시설과 설비가 사업을 위한 핵심자산이다. 재무보고는 지난 수십 년간 이들 설비자산을 상세히 보고함으로써 그 역할과 기능을 충실히 해 왔다. 투자자들은 재무제표를 통해 기업이 보유한 공장과 설비와 기계와 재고를 파악할 수 있었으며, 기업이 어떤 방법으로 제품을 생산하고 판매하는지도 이해할 수 있었다. 물론 기업이 보유한 설비와 장비와 재고의 가치를 통해 기업의 가치까지도 짐작할 수 있었다.

하지만 시설과 설비는 사라지고 플랫폼이나 연구개발 조직 외에는 이렇다 할 (전통적) 자산이 남아 있지 않은 새로운 산업의 경우 현행의 재무보고는 보여 주는 것도, 알려 주는 것도 없다. 새로운 사업방식(business Model)이나 새로운 기술과 시스템은 그것이 비록 집중적인 투자를 통해 만들어진 것이라 하더라도 재무보고상 자산으로 인식되지 않기 때문이다.

## 5-2 식별과 측정의 한계

앞서 제4절에서는 무형자산이 회계기준이 요구하는 식별 가능성과 측정 가능성의 요건을 충족하기 어렵다는 사실을 지적했다. 사업의 중심이 되는 핵심무형자산의 경우 그 가능성은 더욱 낮다는 점도 지적했다. 핵심무형자산이 재무보고에서 누락되는 이유를 이들 자산의 특성과 연결하여 다시 한 번 상세히 살펴보고자 한다.

### 식별의 어려움 (1)

연구개발이나 기술에 대한 투자의 결과물인 무형자산의 경우, 식별은 감당하기 어려운 도전이다. 사업 과정에서 자연스럽게 축적된 사업 방식이나 고객 관계, 브랜드 가치 등은 더욱 그렇다. 식별 이전에 그것이 무엇인지 정의하는 것부터 어렵고 식별이 된다 하더라도 기업이 실제로 보유하고 있는지 판단하는 것조차 어렵다.

오랜 기간 사업활동으로 쌓은 "고객과의 신뢰", 기업 내부의 축적된 "역동적인 조직문화", 경쟁사와 차별이 가능한 "제조 방식이나 판매 방식" 등은 분명히 무형의 가치를 지니고 있지만 그것이 무엇인지 명쾌하게 정의하는 것부터 쉽지 않다.

"고객과의 신뢰 관계"가 구체적으로 어떻게 생성되었고 언제부터 시작되었는지 파악하기 어렵다. 구체화할 수 있다고 하더라도, 그것이 특정 기업의 자산인지 판단하기가 쉽지 않다. "역동적인 조직문화" 또한 그러하다. 어떤 활동이나 투자의 결과로 얻게 된 것인지 파악할 수 없다. 그것이 자산의 속성을 갖고 있는지, 기업이 계속해서 안정적으로 유지하고 관리할 수 있는지도 알기 어렵다. "시장을 선도하는 새로운 사업 방식"은 수없이 많은 실패를 거쳐 얻은 결과물이다. 하지만 그것이 무엇인지를 한마디로 정의하기 어렵다.

하지만 이들 자산은 모두 식별하기 어려움에도 불구하고 기업 경쟁력의 핵심이고 수익창출의 핵심을 구성하는 자산들이다.

### 측정의 어려움 (2)

사업용 핵심무형자산에 대한 원가의 측정은 더욱 넘기 어려운 장애물이다. 식별조차 어려운 자산에 대해 원가를 산정하는 일은 불가능에 가깝다.

앞서 예시한 "고객과의 신뢰 관계", "역동적인 조직문화", "새로운 사업 방식" 등의 원가는 측정이 가능할까? 이들은 구입을 통해 얻는 것이 아니므로 취득원가가 존재하지 않는다. 시장에서 거래되는 가격을 찾는 것도 불가능하다. 내부창출된 자산이기에 표준화되어 있지 않고, 시장이 존재하지 않기 때문이다. 유사한 기업의 유사한 무형자

산을 토대로 가치를 추정하는 것도 특별한 경우가 아니라면 현실성이 없다.[11]

취득원가 대신에 무형자산으로 인식되기까지의 투입원가를 취합하여 자산의 가치를 측정할 수는 있다. 하지만 이렇게 취합한 투입원가가 무형자산의 가치를 나타내는지에 대해서는 의문이 크다. 그 이유는 이들 무형자산의 고유한 성격상 투입원가와 원가 투입의 결과물인 자산가치(stock) 사이의 상관성이 매우 약하기 때문이다.

## 무형자산의 속성과 가치측정

무형자산만의 고유한 속성들 때문에 무형자산의 가치측정은 유형자산의 가치측정과 달리 매우 신중해야 한다.

무형자산의 사회적·경제적 역할을 논의한 조너선 해스컬(Jonathan Haskel)·스티언 웨스틀레이크(Stian Westlake)의 저서 『자본 없는 자본주의(Capitalism Without Capital)』(2017)는 무형자산의 고유한 속성을 다음과 같이 네 가지로 구분하여 열거하고 있다.

- 확장성(scalability)
- 시너지(synergies)
- 매몰성(sunkeness)

■ 파급성(spillover)

이 네 가지의 특성은 각각이 모두 무형자산 가치측정의 장애물이다. 확장성과 시너지는 무형자산 가치의 변동성 중 상향 변동성을 설명하는 요소다. 무형자산의 가치란 투입원가와는 상관없이 제3의 요소(예: 확장성의 경우 수요의 확대, 시너지의 경우 다른 무형자산과의 결합)에 의해 무한히 상승할 수 있음을 암시한다. 반대로 매몰성과 파급성은 무형자산 가치의 변동성 중 하향 변동성을 설명한다. 무형자산의 가치가 제3의 요소(예: 매몰성의 경우 수요의 소멸, 파급성의 경우 경쟁사의 등장)에 의해 급격히 추락하거나 소멸할 수도 있음을 의미한다.

이와 같은 무형자산의 속성은 역사적 원가를 통한 무형자산의 가치측정에 의문을 던진다. 외부 변수에 따라 가치가 크게 변동되는 무형자산을 역사적 원가로 측정하여 보고하는 경우 정보의 왜곡이 심하기 때문이다. 무형자산의 가치는 역사적 원가가 아니고 현재가치로 측정되어야 한다는 주장은 이 같은 논의에 근거를 두고 있다.

## 5-3 새로운 방법의 모색

무형자산에 관한 투자자들의 요구는 분명하다. 기업의 경쟁력을 담보하고 사업의 중심이 되는 핵심무형자산을 식별하고, 그 가치를 측정하여 보여 달라는 것이다.

투자자들의 요구에 응답하는 많은 연구가 있었다. 지난 10여 년간 회계기준 제정기구는 물론 다수의 학자들은 무형자산을 식별하고 측정하여 재무보고에 포함시킬 수 있을 것이라 판단하고 많은 자원을 투입해 왔다. 하지만 대부분의 연구는 기업이 보유한 무형자산에 대한 비계량적인 서술을 결과물로 제시하는 데 그쳤다. 현재의 재무보고 방식으로는 무형자산을 보고할 수 없다는 사실을 인정한 셈이다. 식별조차 어려운 무형자산을 계량화하려는 시도는 애초에 성공 가능성이 낮았다.

일부 연구자들은 새로운 식별과 측정 방식을 통해 핵심무형자산을 인식하고 보고하려는 연구를 시도한 바 있다. 그 연구 중 하나를 소개한다.

### 핵심무형자산의 식별

> "사업의 핵심이 되는 무형자산을 무형자산 항목별로 구분하여 식별하지 않고, 하나의 집합체로 보고 식별함."

기업이 보유하는 각각의 무형자산을 개별적으로 식별하는 것은 현실적으로 불가능에 가깝다. 고객 기반, 브랜드 인지도, 기업의 신뢰도는 정의를 내릴 수 있지만 개별적인 식별은 가능하지 않다. 제품이나 서비스의 특수한 경쟁력, 차별화된 제품 설계나 디자인, 창의적인 제품 주문 방식이나 서비스 전달 방식 등은 정의조차 하기 어렵다. 더 큰 문제는 이들 역량이 기업의 조직문화나 구조적 특성, 인적 자원과 깊이 연결되어 있어 상호 의존적이며 보완적이므로, 이들을 분리·식별하는 것은 가능하지 않다는 사실이다.

그렇다면 식별의 방식을 근본적으로 바꿀 수밖에 없다. 기업 고유의 경쟁력 요소들을 통합하여 인식하고 집합적으로 인지한다면, 핵심무형자산의 식별은 가능하다.

### 핵심무형자산의 측정

> "취득원가가 아닌, 핵심무형자산을 통해 창출하게 될 수익이나 현금의 가치를 통해 핵심무형자산의 가치를 측정함."

기업이 보유하는 핵심무형자산은 그것이 개별적인 자산이든 집합적 개념의 자산이든 역사적 원가를 통해 측정하는 데는 한계가 있다. 외부로부터 취득의 과정을 거친 자산이 아니므로, 취득원가가 존재하지 않는다. 상품화될 수 있는 자산이 아니고 시장이 없으므로 시가도 존재하지 않는다. 자산의 형성 과정에 투입된 비용을 통해 측정하는 방법이 가능하지만 취득비용과 자산가치 사이의 상관성이 매우 약한

점을 고려하면 이 방식 역시 한계가 뚜렷하다.

더 중요한 문제는 핵심무형자산을 위해 지출된 역사적 원가가 핵심무형자산의 가치를 대표하는지에 대한 근본적 의문이다. 앞서 언급한 무형자산의 속성들(확장성, 시너지, 매몰성, 파급성)을 고려한다면 무형자산의 원가 정보는 유용한 정보라고 할 수 없다. 반대로 무형자산의 현재가치가 보다 유용한 정보라는 주장에 힘이 실린다.

예상 현금흐름에 근거한 현재가치의 측정 방식은 실무적으로 이미 활용되고 있는 무형자산의 가치측정 방법이기도 하다.

## 5-4 핵심무형자산 보고서

일부 연구자들은 현행 회계기준의 방법과는 다른 새로운 식별 및 측정 방식을 채택해 자산을 인식 및 보고하는 작업을 진행하고 있다.

기업의 인수·합병 과정에서 실제로 활용되는 기업평가 보고서상 무형자산의 식별과 평가를 참고한 것인데, 기업평가 보고서는 기업의 현금창출 능력을 기반으로 무형자산의 가치를 측정하고 이를 기업가치평가에 반영한다.

새로운 식별 및 측정 방식에 따른 무형자산의 보고는 독립된 별도의 보고서인 '핵심무형자산 보고서'로 작성된다.

## 식별: 집합적 성격의 자산으로 식별

새로운 무형자산 보고서는 개별 무형자산이 아닌, 집합적 성격의 무형자산을 식별하여 보고한다. 집합적 성격의 무형자산은 여러 무형자산의 단순한 결합이 아니다. 집합적 무형자산이란 사업에서 가치를 창출하는 데 가장 크게 기여하는 핵심적인 무형자산과 그것을 보조하는 부수적 무형자산의 유기적 집합체를 의미한다. 출판사에게는 저작권이, 제약 업체에게는 의약품의 특허가, 전자상거래 기업에게는 플랫폼이 핵심무형자산이다. 소프트웨어 기업이나 온라인 게임 업체의 경우 판매 중인 소프트웨어나 게임이 핵심무형자산이 될 수 있다. 이러한 핵심무형자산은 브랜드, 신용도, 조직의 역량 등 부수적 무형자산과 결합되어 가치를 창출하는데, 핵심무형자산과 부수적 자산들을 개별적으로 식별하는 대신에 통합하여 인식한다.

핵심무형자산은 업종에 따라 달라질 수 있지만 동일한 업종 내에서는 동일성이 유지된다. 다양한 업종을 영위하는 기업의 경우 업종별로 서로 다른 핵심무형자산을 식별할 수 있다.

### 측정: 현금창출 능력을 기반으로 측정

무형자산의 경우 특별한 경우를 제외하고는 역사적 원가를 추적하고 집계하는 일이 쉽지 않다. 유형자산처럼 교환거래를 통해 취득하는 것이 아니기 때문이다. 설령 역사적 원가를 추적하고 집계할 수 있다 하더라도 해당 원가가 실제 자산가치를 대표하는지 의문이다. 확장성, 시너지, 매몰성, 파급성 같은 무형자산 고유의 특성 때문이다. 이런 이유로, 무형자산의 가치측정은 무형자산이 미래에 창출할 것으로 기대되는 가치를 고려하여 결정하는 것이 일반적이다. 실제로 기업의 인수·합병 시 무형자산의 가치는 대부분 미래의 현금흐름을 기준으로 측정된다.

핵심무형자산의 가치측정을 위해서는 사업 단위별로 무형자산을 식별하고, 그로부터 발생할 미래의 현금흐름을 추정한다. 그리고 이를 할인함으로써 가치산정을 한다.

### 보고: 별도의 보고서로 작성

핵심무형자산이 식별되고 그 가치가 측정되면, 별도의 보고서를 통해 무형자산을 보고한다. 핵심무형자산을 현행 재무보고의 일부로 포함시키지 않고 별도로 보고하는 것은 다음과 같은 이유에서다.

첫째, 핵심무형자산은 현행 재무보고상의 다른 자산 항목과 달리 개별적으로 식별된 각각의 자산이 아니고 관련된 복수 무형자산의 집합체이므로, 보고서상의 다른 자산 항목과 동질성을 유지할 수 없다.

둘째, 핵심무형자산 보고서상의 자산가치는 미래 현금흐름의 예측을 근거로 하는 만큼 역사적 원가를 근거로 한 기존 보고서상의 다른 자산가치들과는 동질적이지 않고 신뢰도 측면에서도 차이를 보인다.

셋째, 핵심무형자산은 기간별로 재평가되어야 하지만 재평가로 인한 평가손익을 손익에 반영하는 것이 현재로서는 가능하지 않다.

이런 점을 고려하여 새로운 핵심무형자산 보고서는 집합적 성격을 가진 핵심무형자산을 식별하고 평가한 후 별도의 핵심무형자산 보고서로 작성된다.

## 5-5 PwC의 보고서(사례 연구)

삼일 PwC는 2019년에 한국회계기준원의 요청에 따라, 가상의 온라인 게임 회사(True Games: TG사)가 보유한 핵심무형자산에 대한 보고서를 작성했다. 동 보고서에 따르면 TG사의 핵심무형자산은 TG사가 개발하고 보유한 복수의 온라인 게임들이다. 삼일 PwC는 TG사가 보유 중인 온라인 게임들을 개별적으로 식별한 뒤 가치측정을 통해 '핵심무형자산 보고서'를 작성했다. 해당 보고서에 포함된 "본문" 및 "보고서 작성의 원칙" 및 "핵심무형자산의 식별"은 별첨 자료 "핵심무형자산 보고서"를 참조하기 바란다.

## 제6절
## 무형자산 보고의 성공 요인

PwC의 사례는 개별 기업이 보유한 핵심무형자산의 식별과 측정의 가능성을 보여 준다. 다만, 이 방식에 따른 무형자산 보고에는 몇 가지의 장애물이 존재한다. 첫째는 각 기업별 또는 사업별 핵심무형자산이 무엇인지 찾아야 하는 식별의 어려움이고, 둘째는 정보공개에 따른 위험과 책임이다. 이 두 가지 문제를 극복하지 못한다면, 무형자산 보고서의 정착은 쉽지 않다. 그 해결책을 찾아본다.

## 6-1 핵심무형자산의 식별

핵심무형자산 보고서 작성의 성패는 개별 기업의 핵심무형자산이 무엇인지를 찾아낼 수 있는가에 달려 있다. 제약 업체, 온라인 게임 업체, 출판사의 경우, 각각 개발된 신약, 개발된 게임, 저작권 등을 핵심무형자산으로 볼 수 있다. 통신사나 항공사처럼 국가나 정부기관으로부터 독점적인 라이선스를 확보한 사업자의 경우는 라이선스 계약이 핵심무형자산이 될 수 있다. 하지만 각 기업의 핵심무형자산이 무엇인지를 일률적으로 판단하기는 어렵다. 각 기업의 특성과 그 기업의 활동 여건과 그 기업이 가진 경쟁력에 따라 달라질 수 있기 때문이다.

기업들이 보유하는 핵심무형자산은 다양하겠지만, 다음 네 가지 유형 중 하나에 속할 것이다.

- **지적재산권**
  신약 개발을 주 사업으로 하는 제약사의 경우 허가를 받은 의약품이 핵심무형자산이며, 음원의 개발이나 보유가 사업 모델인 사업체의 경우, 보유한 음원이 핵심무형자산이다. 온라인 게임 업체의 경우는 개발 후 보유하고 있는 게임, 영화나 영상물의 제공을 사업 모델로 하는 업체의 경우도 보유 중인 콘텐츠가 핵심무형자산이다.

■ 플랫폼과 사업 모델

전자상거래나 인터넷 뱅킹 등 플랫폼 기반 기업의 경우, 핵심무형자산은 플랫폼 자체 또는 이를 포함한 사업 모델이 될 수 있다. 물품 교환 플랫폼이나 전자적 방식으로 각종 특수 서비스를 제공하는 사업의 경우(예: 경비, 청소, 세탁 등) 역시 그들이 운영하는 플랫폼이나 고유한 서비스 제공 방식이 핵심무형자산으로 간주될 수 있다.

■ 소프트웨어와 데이터

특수한 소프트웨어를 라이선스하는 기업이나, 특정 데이터 또는 데이터 웨어하우스를 활용해 사업을 영위하는 기업의 경우, 해당 소프트웨어와 데이터가 핵심무형자산이 된다.

■ 독점적 권리

항공사나 정부로부터 허가를 받은 방송사 및 통신사의 경우, 부여된 권리가 핵심무형자산에 해당한다. 전기, 수도, 가스와 같은 사회 인프라 사업을 운영하는 사업자의 경우에도 독점적 권리가 핵심무형자산이다. 민간 사업자 간의 계약에 의해 독점적 권리를 유지하고 있고, 해당 권리를 통해 안정적인 수입이 확보되는 경우라면, 그 계약상의 권리 역시 핵심무형자산이 될 수 있다.

무형자산 보고서를 작성하는 각 기업은 영위하는 사업의 특성을 고려하고 자신이 속한 산업의 특성을 고려하여 핵심무형자산을 찾고 식별해야 한다.

## 6-2 정보공개의 위험과 책임

핵심무형자산의 가치측정을 위해서는 각 자산을 보유한 단위 사업의 미래 현금흐름이 필요한데, 이 현금흐름 정보의 외부 공개는 보고 주체인 기업을 다양한 위협에 노출시킨다.

### 사후 검증의 위험

핵심무형자산 보고서상 개별 자산의 가치는 동 자산을 통해 창출할 수 있는 미래의 현금이나 수익을 예측해야만 측정이 가능하다. 불확실한 미래에 대한 예측이나 추정은 기업에게 상당한 위험이다. 특히 사후 검증을 전제로 하는 경우에 그 위험은 더 높아진다.

### 내부 정보의 외부 공개의 위험

무형자산의 가치 산출을 위해서는 사업과 관련된 다양한 정보의 사용이 필수적이다. 고객 관련 정보, 가치사슬과 공급망에 관한 정보 등 외부에 공개되지 않는 내부 정보들을 사용해야 한다. 무형자산 가치의 산출에 사용된 이들 내부 정보는 1차적으로는 공개되지 않는다고 하더라도 간접적으로 외부에 노출될 수 있다.

### 법적 책임의 확대

미래 정보는 역사적 원가에 근거한 과거 정보와는 달리, 많은 불확실성을 내포하고 있으며, 제3자의 검증을 받지 않은 정보다. 이들 정보가 무형자산 보고를 통해 외부에 공개되고 사후 검증을 받을 때 발생할 수 있는 법적·사회적 책임은 핵심무형자산의 가치 산출과 공개에 장애 요인으로 작용할 수 있다.

## 6-3 위험의 경감 방안

핵심무형자산 보고서의 작성에 따른 정보공개의 위험을 경감시키거나 축소시키기 위해 다음과 같은 방법을 활용할 수 있다.

### 분리된 별도 보고서

핵심무형자산 보고서는 이미 제5절에서 언급한 바와 같이 기존의 재무보고서와는 분리된 독립보고서의 형식으로 작성되고 보고되어야 한다. 핵심무형자산 보고서상의 측정치들은 역사적 원가에 따른 기존의 재무보고서상 측정치들과는 성격이 다른 만큼 보고서는 독립되어야 한다.

## 책임의 한계 명시

기존 재무보고서와 핵심무형자산 보고서는 그 안에 포함된 수치의 측정 방식이 크게 다르며, 그에 따라 신뢰의 정도(level of trust)에도 차이가 있는 만큼 핵심무형자산 보고서에는 그러한 사실과 판단이 기술되어야 한다.

## 보고서 작성의 주체

보고서의 분리만으로 책임의 문제를 해결할 수 없다면 핵심무형자산 보고서를 기업이 아닌 제3자가 발행하도록 할 수 있다. 현금흐름에 대한 예측부터 기업이 아닌 외부의 제3자가 독립적으로 진행한다면 기업의 부담 없이 무형자산의 보고가 가능하다.

# 제7절
# 후속 연구의 과제와 기대

회계는 지난 수십 년간 수많은 도전에 직면했지만, 대부분의 문제를 성공적으로 해결해 왔다. 특히 과거에 없던 새로운 경제 현상이나 경제 행위를 개념적으로 재구성하고, 회계적으로 풀어내는 데 탁월한 성과를 보여 주었다. 사업결합에 대한 회계의 변천, 파생상품 등 금융상품의 회계처리 정비, 보험과 리스회계의 재정립, 공정가치 회계의 도입 등은 모두 회계가 변화무쌍한 경제 현실에 유연하게 대응해 온 결과다. 하지만 무형자산의 재무보고는 이전의 과제들과는 차원이 다른 매우 새롭고 어려운 숙제 중 하나다.

## 7-1 무형자산 보고의 숙제

무형자산의 회계는 다음과 같은 이유로 아직까지 해법을 찾지 못한 채 숙제로 남아 있다.

첫째, 기존의 회계가 공장, 창고, 상점 등 물리적인 공간에서 이루어지는 기업활동을 인식하고 보고하는 것을 과제로 삼았다면 무형자산에 대한 회계는 물리적인 공간에서는 보이지 않는 기업의 활동—연구개발, 교육훈련, 실험 등—을 인식하고 보고하는 것을 목표로 한다.

둘째, 현재의 회계 원칙들은 공장과 기계, 설비 등 유형자산의 식별과 측정, 보고를 위해 만들어진 원칙들로써 무형자산에는 적용이 불가능하다. 무엇보다 무형자산은 유형자산과 같은 방식으로 식별할 수 없다. 측정 역시 유형자산에 사용하던 방식으로는 측정 불가하다. 무형자산의 가치는 유형자산의 가치와는 달리 본질적으로 매우 불안정적이며 무형자산을 확보하기 위해 지출한 역사적 원가와의 관련성도 낮기 때문이다. 기존 회계의 원칙들을 근본적으로 바꾸지 않으면 무형자산의 보고는 가능하지 않다.

셋째, 새로운 원칙을 통해 무형자산을 보고하는 경우, 재무보고의 정체성에 대한 논란이 발생할 수 있다. 예측된 미래가치를 중심으로 한 보고는 역사적 원가를 기반으로 한 기존 재무보고의 틀과 충돌하기 때문이다.

## 7-2 무형자산 보고의 해법

다수의 기관과 연구자들의 다양한 노력에도 불구하고 무형자산의 보고는 여전히 해결되지 않은 채 남아 있다. 하지만 일부 연구는 이 장애를 넘고 무형자산을 인식하기 위한 새로운 방법들을 찾고 있다.

무형자산을 위한 새로운 식별기준과 새로운 측정기준을 도입하고 현행의 보고서와는 다른 독립된 별도의 보고서를 작성하는 방법의 발견은 고무적이다. 이런 연구들이 계속된다면 기업이 보유한 중요한 무형자산들을 효과적으로 식별하고 그 가치를 투자자들에게 보여 주는 안정적인 장치가 개발되고 정착될 수 있을 것이다.

## 7-3 회계의 전통적 가치와 무형자산의 보고

현행의 재무회계는 몇 가지의 전통적 가치를 전제로 발전되어 왔다. 역사적 원가주의나 저가 기준과 같은 보수주의적 가치들이다. 재무회계가 지금도 이런 보수적 가치에 기초를 두고 있는 것은 재무회계가 산업 자본시대의 자본가(주주)와 채권자를 위한 정보 생산의 역할을 아직까지 계속하고 있기 때문이다. 자본시장이 활성화되기 이전의 시대에 재무보고의 역할이란 최초에 자본을 투자하고 지속적으로 사업을 영위하는 대주주 또는 대주주와 함께하는 채권자들을 위한 정보의 제공이었다. 투자된 자본의 대부분이 시설과 장비라는 물적인 자산에 집중되어 있고 경영을 통해 사업의 내용을 잘 알고 있는 산업 자본가에게 필요한 것은 기업이 보유하고 있는 자산에 대한 역사적 원가 정보였다. 자산을 매각할 계획도 없고 기업의 지분을 남에게 넘길 가능성도 거의 없는 투자자에게 투자액에 대한 정보가 중요할 뿐 시가 정보란 의미가 없는 정보이기 때문이다. 채권 회수가 가장 중요한 관심사인 채권자 역시 시설과 장비에 대한 시가 정보보다는 보수적 기준에 의한 원가 정보를 필요로 했다.

하지만 이런 이유로 보수적 가치를 지켜 온 재무회계의 공식은 무형자산의 보고라는 새로운 요구 앞에서 도전을 받고 있다. 기업가치의 대부분을 차지하는 무형자산의 측정과 보고가 역사적 원가로는 가능하지 않기 때문이다.

## 7-4 재무보고에 대한 새로운 이해

자본시장의 발달로 투자자의 무게 중심은 전통적인 산업자본가에서 금융투자자로 빠르게 바뀌고 있다. 금융투자자에게는 기업이 보유한 자원의 역사적 원가나 (청산을 전제로 한) 청산가치보다는 (기업의 역량에 기초한) 기업가치가 훨씬 중요하고 필요한 정보이다. 미래의 현금흐름에 기초한 무형자산의 평가와 그 결과를 취합한 무형자산 보고가 중요해지는 이유이다.

금융자본가가 중심이 된 현재의 자본시장에서 재무보고의 중심이 무형자산 보고로 이동할 것은 충분히 예상할 수 있다. 다만 이 과정에서 가치의 충돌 역시 예상된다. (대차대조표로 대표되는) 기존의 재무보고가 역사적 원가주의를 기초로 하고 있는 데 반하여 새롭게 작성될 무형자산의 보고는 현행가치를 기초로 하고 있기 때문이다.

이 충돌을 해소하기 위한 기술적인 해법을 찾기는 어려워 보인다. 물론 기존의 대차대조표 역시 역사적 원가를 포기하고 현행가치로 평가하는 강법을 시도할 수는 있다. 하지만 현행가치에 의한 대차대조표가 정말 유용한 정보를 제공할지에 대해서는 커다란 의문이 생긴다. 또 이런 방법을 택할 경우 현행가치의 변동에 따른 자산의 재평가가 손익계산서에 미칠 부정적 영향도 고려하지 않을 수 없다.

그렇다면 역사적 원가에 기초한 대차대조표와 현행가치에 기반한 무형자산 보고서의 병행은 당분간 불가피해 보인다. 기존의 재무보고를 경영자와 채권자를 위한 보고로, 무형자산 보고는 금융자본가를 위한 보고로 이해하면서 두 가지의 보고를 계속 유지할 수밖에 없어 보인다.

# [별첨 자료]

# 핵심무형자산 보고서

# Statements of Core Intangibles

Valuation of core intangibles of True Games
As of December 31, 2018

"The attached statements of core intangibles are prepared by the Company management."

## Disclaimer

The statements of core intangibles, not subject to external audit, is a management estimate of the intangible assets held by the Company and is prepared to help understand the Company's financial position along with the financial statements that are subject to external audit. The method of identifying, classifying and evaluating the core intangibles of the Company is based on the 'Guideline on reporting core intangibles by industry' (the "Guideline"), established by the National Accounting Standard Board. The estimates of fair value represent our conclusions of value based on the analysis outlined in this report.

## Core Intangibles

The table below presents our estimates of fair value of core intangibles of True Games (the "Company") as of December 31, 2018 (the "Valuation Date").

| KRW in millions | Fair Value | Reference |
|---|---|---|
| **Games Developed Technology** | **19,591** | |
| Games in service | 2,755 | |
| Batman Begins | 2,755 | P14 |
| Games scheduled to be in service | 16,836 | |
| Batman Returns | 11,427 | P16 |
| Amazing Spiderman | 4,710 | P18 |
| Avengers Endgame | 699 | P20 |
| **Trade name** | **1,286** | P22 |
| **Total** | **20,877** | |

The intangible assets listed above are either not accounted in the statements of financial position as of the Valuation Date or are accounted at their cost at the time of acquisition. The valuation results may vary significantly depending on the changes in the Company's business plan and market environment post the Valuation Date.

## General Principles

The general principles to estimate the fair value of the Company's core intangibles are described below:

- In accordance with the Guideline on reporting core intangibles by industry ("Guideline"), the Company's core intangibles are estimated separately either as games in service or games scheduled to be in service. The level of trust on the valuation result of the two classifications might be different given the degree of uncertainty in forecasting future cash flows.
- For those games that are under development or are not scheduled for release in the near future are not identified as core intangibles as we believe the reliability on the projected cash flows is deemed to be low in accordance with the Guideline.
- According to the Guideline, the value of the games developed technology and the trade name were estimated using the multi-period excess earning method and the relief-from-royalty method, respectively.
- Fair value of core intangibles is estimated by using the projected financial information, which is based on the Company's business plan. The discount rate applied is based on the weighted average cost of capital ("WACC"), plus additional risk premium corresponding to the risk inherent in the core intangibles.

## Identification of Core Intangibles

We identified game Batman Begins that is currently in service, game Batman Returns, Amazing Spiderman and Avengers Endgame that are scheduled to be in service, the trade name as the Company's core intangibles.

- As of the Valuation Date, the Company has released game Batman Begins, a multiplayer mobile RPG, and it is providing services in Korea.
- The Company is currently developing new RPG games including Batman Returns, Amazing Spiderman, and Avengers Endgame, and it is planning to launch Game Batman Returns and Amazing Spiderman in 2019 and game Avengers Endgame in 2020, respectively, both in Korea and overseas markets.
- Under IFRS, an intangible asset is identifiable if it meets the separability criterion or the contractual-legal criterion. Since the Company's games meet the contractual-legal criterion and are also separable from other assets, they can be identifiable as separate intangible assets. In addition, we believe the games scheduled to be in service according to the Company's business plan satisfy the definition of assets as they are expected to bring future economic benefits after the games are being launched.
- In addition, trade name is identified as one of the core intangibles as they will continuously contribute to bring future economic benefits to the Company. The Company estimated the economic useful life of trade name from the perspective of market participants and assumed that the trade name will be maintained for the next 10 years.

[Appendix 1]
**무형자산기준서 제1038호**

# 취득한 무형자산

## 무형자산의 정의

무형자산은 물리적 실체는 없지만, 식별 가능한 비화폐성 자산(기준서 문단 8)이다. 무형자산에 속하는 항목으로 소프트웨어, 특허권, 저작권, 영상 필름, 고객목록 관리, 운영권, 어업권, 수입 할당량, 프랜차이즈, 고객 관계, 공급자와의 관계, 고객 충성도, 시장 점유율, 판매권 등을 들 수 있다(기준서 문단 9).

그러나 이들 예시된 항목 모두가 재무보고상 무형자산은 아니다. 이들 항목이 무형자산이 되려면 (무형자산의 정의에 포함된) 식별 가능성(기준서 문단 11)은 물론이고 (자산의 정의에 포함된) 미래 경제적 효익(기준서 문단 17)과 통제(기준서 문단 13) 등의 요건을 모두 충족시켜야 한다. 또한, 무형자산으로 인식되기 위해서는 원가를 신뢰할 수 있게 측정(기준서 문단 21)할 수 있어야 한다.

결국 물리적 실체가 없는 자산이 재무보고상 무형자산으로 인식되려면 다음의 다섯 가지를 충족해야 한다.

첫째, 물리적 실체가 없음(무형자산의 정의: 문단 8).

둘째, 식별 가능해야 함(무형자산의 정의: 문단 11).

셋째, 미래 경제적 효익을 기대할 수 있음(자산의 정의: 문단 17).

넷째, 기업이 통제해야 함(자산의 정의: 문단 13).

다섯째, 원가를 신뢰성 있게 측정할 수 있음(인식 및 측정 기준: 문단 21).

### 무형자산의 측정

개별 취득한 무형자산은 구입 가격 및 관련 원가로 측정하고(문단 12~27) 사업결합으로 취득하는 무형자산은 영업권과 분리한 후 공정가치로 측정한다(문단 33~34).

## 내부적으로 창출한 무형자산

### 내부창출무형자산

내부적으로 창출한 무형자산 중 연구 단계에서 발생한 무형자산은 인식하지 않는다(문단 54). 반면, 내부적으로 창출한 무형자산 중 개발 단계에서 발생한 무형자산은 다음을 조건으로 인식한다(문단 57).

- 기술적 실현 가능성
- 사용이나 판매 의사
- 사용이나 판매의 능력

- 미래 경제적 효익의 구체성
- 사용이나 판매를 위한 자원의 존재
- 개발을 위한 지출의 측정 능력

## 내부창출영업권

내부적으로 창출한 영업권은 식별이 가능하지 않고 원가를 신뢰성 있게 측정할 수 없어서 자산으로 인식하지 아니한다(문단 48, 49).

[Appendix 2]

**무형자산과 관련한 현행 재무보고 분석**

## 현행 회계기준

국내 모든 상장기업은 한국채택 국제회계기준(K-IFRS)에 따라 재무보고를 한다. K-IFRS 제1038호는 무형자산을 '물리적 실체는 없지만 식별 가능한 비화폐성 자산'으로 정의하고 있다. 하지만 식별 가능한 모든 비화폐성 자산이 무형자산은 아니다. 무형자산은 동 자산에서 발생하는 미래 경제적 효익이 기업에 유입될 가능성이 높고, 자산의 원가를 신뢰성 있게 측정할 수 있는 경우에만 자산으로 인식하도록 하고 있다.

이와 관련하여, 개별 취득하는 무형자산은 (사업결합으로 취득하는 무형자산 포함) 미래 경제적 효익의 유입 가능성을 항상 충족하는 것으로 보아 인식을 허용한다. 반면, 내부적으로 창출한 무형자산과 영업권은 그렇지 않다고 보아 자산으로 인식하지 않도록 하고 있다.

내부적으로 창출한 무형자산도 예외적으로 자산으로 인정하는 경우가 있다.

연구개발비의 경우인데 무형자산의 창출 과정을 연구 단계와 개발 단계로 구분하여 연구 단계에서 발생한 지출은 발생 시점의 비용으로 인식하고, 개발 단계의 경우 K-IFRS 제1038호에서 정하고 있는 사항을 모두 충족하는 경우 무형자산으로 인식할 수 있도록 하고 있다.

무형자산의 후속측정은 원가 모형 또는 재평가 모형을 선택할 수 있으며, 재평가 모형을 적용하는 경우 공정가치는 활성 시장을 기초로 하여 결정하고, 재평가는 재무상태표일에 자산의 장부금액이 공정가치와 중요하게 차이가 나지 않도록 주기적으로 수행하도록 하고 있다.

## 재무보고서상 무형자산

K-IFRS를 전면 도입한 2011년부터 2016년까지의 상장기업 재무제표의 분석 결과는 다음과 같다.

### 재무보고상 무형자산의 비중

유가증권 상장기업들의 경우 총 자산 대비 약 3.7%~4.2%의 무형자산을 보유하고 있으며, 매년 무형자산 비율이 소폭 증가하고 있다. 코스닥상장기업들의 경우 총 자산 대비 약 5.7%~6.0%의 무형자산을 보유하고 있으며, 매년 근소하게 증감을 반복한다.

### 무형자산의 구성

유가증권상장 및 코스닥 상장기업들 모두 평균적으로 약 3.1개의 세부 계정항목을 보고하고 있으며, 연도별로 별다른 증감을 보이지는 않았다. 유가증권상장기업의 경우 보유 무형자산은 기타무형자산(25.5%), 영업권(22.3%), 회원권(21.9%) 등의 순으로 나타났으며, 코스닥상장기업의 경우 영업권(19.6%), 회원권(19.1%), 기타무형자산(18.0%), 개발비(18.0%) 등의 순으로 나타났다.

### 사업결합과 무형자산

총 자산 대비 무형자산 비율(%)을 분석한 결과, 사업결합(추정)이 있었던 기업들의 경우 그렇지 않은 기업들에 비하여 무형자산 비율(%)이 평균적으로 약 3배 이상 높게 나타나고 있는 것을 알 수 있었다. 이는 사업결합 과정에서 기존에 피취득자의 재무제표에 자산으로 인식하지 않았던 무형자산을 식별하여 재무제표상 자산으로 인식하게 된 결과라고 볼 수 있다.

사업결합(추정) 여부를 구분하여 무형자산 세부 계정과목 비중(%)을 살펴보면 사업결합 (추정)이 있었던 기업들의 경우 평균적으로 영업권이 전체 무형자산 중 약 42.9%를 차지했으며, 기타무형자산(20.7%), 개발비(11.7%), 회원권(10.3%)의 순으로 나타난 반면, 사업결합(추정)이 없었던 기업은 회원권(29.5%), 기타무형자산(21.1%), 개발비(17.6%), 컴퓨터소프트웨어(12.5%), 제이용권(10.7%) 등의 순으로 나타났다.

### 종합평가

국내 상장기업들의 재무제표상 무형자산은 총 자산 대비 5% 전후다. 보고된 5%의 무형자산 중 가장 큰 비중을 차지한 항목은 영업권과 회원권이다. 기업인수를 통해 취득한 영업권을 제외하면 가장 중요한 무형자산은 회원권이다. 현행 회계기준(K-IFRS)이 외부에서 취득한 무형자산(영업권 포함)만을 인식하고 보고하도록 허용하고 있기 때문이다. 예외적으로 개발비를 허용하고 있지만 그 규모는 미미하다. 기업의 현장에서 수익창출에 중요한 기여를 하는 기술, 계약상 권리, 브랜드 독점권 등은 관련된 지출이 있음에도 불구하고 동 지출을 취득으로 보지 않아 보고되지 않고 있다.

[Appendix 3]
**무형자산과 관련한 회계기준 제정기구의 개선 노력**

# IASB(국제회계기준위원회)

## 2007년 무형자산 연구 프로젝트

기존 IAS 38(무형자산)은 1998년 제정되어 2004년 일부 개정되었으나, 기술 변화와 지식기반 경제 확대에 충분히 대응하지 못한다는 비판이 있었다. 특히 내부창출무형자산(예: 브랜드, 고객 충성도, 내부 개발 소프트웨어 등)의 인식 제한이 문제로 지적되었다. IASB는 2007년부터 다음의 네 가지를 목표로 프로젝트를 진행했다.

- 무형자산의 정의와 인식기준을 명확히 재검토
- 내부창출무형자산의 회계처리 가능성 탐색
- 무형자산 공시 강화방안 논의
- IFRS와 기타 회계 프레임워크(예: 미국 GAAP) 간 차이 해소

하지만 이 프로젝트는 공식기준 개정으로 이어지지 않고 중단되었다(연구 프로젝트로만 진행됨).

### 2012년 무형자산 연구 프로젝트

IASB는 2012년 무형자산에 대한 연구가 계속되어야 한다는 외부의 요구에 따라 무형자산에 대한 포괄적인 연구 활동을 재개했다. 하지만 이 프로젝트는 2015년에 그 범위가 대폭 축소되었고 결국 중단되었다. 원인은 무형자산의 연구에는 많은 자원이 투입되어야 한다는 점이었고 특히 무형자산의 인식, 측정에 엄청난 자원의 투입이 필요하다는 점을 꼽았다. IASB는 인식과 측정 이슈뿐만 아니라 무형자산과 관련된 공시를 개선하는 데조차 많은 자원이 필요하다고 생각했는데 이는 무형자산의 범위가 너무도 다양하기 때문이라고 결론지었다.

### 2024년 무형자산 연구 프로젝트

IASB는 무형자산 회계기준인 IAS 38의 전면적인 개정을 목표로 개선 프로젝트를 진행 중이다. 이 프로젝트는 2021년 제3차 의제 협의(Third Agena Consultation)에서 무형자산 회계의 개선 필요성이 제기되면서 시작되었다. 이에 따라 IASB는 2022년 무형자산을 연구 프로젝트 파이프라인에 포함시켰고, 2024년 4월부터 본격적인 연구 작업에 착수했다.

2025년 5월, IASB는 프로젝트의 목표와 방향을 다음과 같이 확정했다.

- 재무제표에서 무형 항목에 대한 정보의 유용성을 향상시키는 것
- IAS 38을 최신 비즈니스 모델과 새로운 무형자산 유형에 맞게 업데이트하는 것

현재 프로젝트는 연구 단계에 있으며, 향후 공개 협의문 발행 및 기준 개정으로 이어질 예정이다.

## FASB(미국 회계기준 제정기구)

### 2001년 무형자산 연구 프로젝트

FASB는 지난 2001년 무형의 기술과 지식이 기업 경쟁력의 핵심으로 작용하는 변화된 환경에서 무형자산에 대한 정보를 재무제표에 포함시켜 그 유용성을 증진하고자 무형자산 공시 개선(Disclosure enhancements) 프로젝트를 수행했다.

FASB는 회계기준이 현재의 기업가치를 적절히 담아내지 못함을 인지했지만 이러한 문제점을 연구의 목표로 하지는 않았다. FASB가 집중한 과제는 내부창출무형자산 인식에 있어서 비교 가능성의 저하로 동일한 무형자산이 외부취득(사업결합) 여부에 따라 인식이 결정되는 회계기준을 문제점으로 인식하고 이에 대한 개선을 과제로 삼았다. 이렇게 식별된 연구 목적 아래 FASB는 내부창출무형자산에 대한 추가적인 정보 제공을 그 연구 범위로 했다.

동 프로젝트는 현재 재무제표상에 인식되었거나 인식되지 않은 무형자산에 대한 공정가치 정보를 주석에 공시하고 연구개발비에 대한 투입원가 정보를 공시하도록 하는 것이 목표였으나, FASB는 2004년에 이 프로젝트를 포기했다. 그 원인으로 국제적인 공감대의 부족을 들었다. 무형자산의 공정가치 정보 공시 등 무형자산 회계처리의 개선 프로젝트는 IASB 등 국제적인 공감대를 바탕으로 진행되어야 하는데 당시가 시기적으로 부적절했다고 판단했다.

### 2021년 이후의 연구 프로젝트

FASB는 2021년 다음과 같은 목표를 가지고 무형자산의 정의, 인식, 측정,

공시 개선을 위한 연구 프로젝트(Intangibles Research Project)를 시작했다.

- 내부창출무형자산(예: 연구개발, 브랜드, 데이터 등)의 자산 인식 가능성
- 정보 이용자 요구에 부합하는 공시 항목의 확대

FASB는 외부 기관들의 요청에 따라 2023년부터 "무형자산 식별 및 공시" 프로젝트를 진행했다.

FASAC(Financial Accounting Standards Advisory Council) 자문 결과, 내부개발무형자산에 대한 비재무적 정보 혹은 주석 공시의 요구를 확인했다. 다만, 내부창출무형자산을 재무제표에 직접 인식하는 데는 여전히 신중한 접근을 유지하고 있다.

공시 개선이 단기적 목표지만, 장기적으로 인식기준의 변경도 고려 중이다. 디지털 자산(Crypto Assets) 및 AI 관련 자산 등 신유형 무형자산에 대한 회계처리도 검토할 예정이다.

## 주

1 지식재산을 과거에는 지적재산 또는 무채재산으로 포함한 바 있었다.

2 철강과 시멘트, 기계, 전자, 화학, 조선과 자동차 등.

3 설비와 장치들이 서로 독립적일 뿐 아니라 설비와 장치를 구성하는 개별 구성품 간에도 독립성이 유지되어 배타적인 식별이 가능하다.

4 사업 모델, 플랫폼, 콘텐츠, 조직 역량 등

5 특정 기업이 가지고 있는 기업의 신뢰도와 그것을 창출한 핵심 인력은 각각 무형자산이지만 두 가지를 배타적으로 구분하기는 어렵다.

6 참고자료: Appendix 1 무형자산기준서 제1038호

7 기업회계기준서 1103호는 "용어의 정의"(부록 A)에서 영업권이란 사업결합을 통해 취득한 자산으로 개별적으로 식별하여 인식할 수 없는 자산이라고 정의하고 있다.

8 참고자료: Appendix 2 현행 재무보고 분석

9 참고자료: Appendix 3 회계제정기구의 개선 노력

10 반면, "사업결합으로 취득하는 무형자산의 원가는 (기준서 1103호에 따라) 공정가치로 측정하며, 정부 보조에 의해 "취득하는 무형자산이나 자산의 교환으로 취득하는 무형자산 역시 (문단 44와 문단 45에 따라) 공정가치로 측정"한다.

11 유사한 기업의 유사한 자산을 찾기도 어렵지만 찾아낸 기업의 유사한 자산도 외부에서 취득한 것이 아니기 때문에 객관적인 가치나 가격을 알 수 없다.

# 4장

# 지속가능성 공시

지속가능성 공시에 관한 국제적 논의는 2023년을 지나면서 중요한 고비를 넘겼다. 유럽이 중심이 된 유럽 지속가능성 보고기준(European Sustainability Reporting Standards: ESRS)과 영국의 IFRS 재단이 준비해 온 국제지속가능성기준위원회(International Sustainability Standards Board: ISSB) 공시기준(이하 ISSB 공시기준)이 2023년에 최종 확정되면서다. 유럽연합 회원국을 포함한 다수의 선도 국가들은 이 두 가지 기준에 따른 지속가능성 공시의 의무화를 서두르고 있다.

의무공시를 전제로 하는 새로운 지속가능성 공시는 과거의 자발적인 ESG 공시와는 몇 가지 중요한 차이를 갖고 있다. 첫째, 과거의 공시가 기업의 사회적 책임에 무게를 둔 정보의 공개였다면 지속가능성 공시는 외부 환경의 변화와 기업의 대응 및 대비에 대한 재무보고 성격의 공시다. 둘째, 과거의 공시가 계량적 정보의 제공을 통한 보고였다면 지속가능성 공시는 기업의 전략에 대한 서술 중심의 보고다. 셋째는 공시의 강제성이다. (ESG 공시와 달리) 지속가능성 공시는 현행의 재무공시와 마찬가지로, 대부분의 국가에서 법적 구속력을 갖게 된다. 이 세 가지 차이는 모두 지속가능성 공시가 (ESG 공시와 달리)

재무 중대성(financial materiality)을 기준으로 정보를 제공한다는 사실 때문에 생기는 차이다. 다시 말하면 지속가능성 공시의 목적이 기업에 중대한 영향을 미치는 기업 외부의 여건이나 여건 변화를 찾아내고 그에 관한 정보를 주주들에게 제공하기 위함이지, 기업이 사회적 책임을 다하고 있는지 보여 주기 위함이 아니라는 것이다.

지속가능성 공시에 대한 논의는 오래전에 시작되었다. 하지만 IFRS 재단이 ISSB 공시기준 제정을 공식 제안하면서 논의는 본격적으로 진행되었다. 당초 지속적인 외부의 요청에도 불구하고 공시기준의 제정에 관심을 보이지 않던 IFRS 재단이 2020년에 입장을 바꾸고 새로운 기준의 제정을 수락한 것은 새로 제정할 기준이 재무 중대성에 따른 공시를 전제로 한 것이기 때문이다.

실제로 IFRS 재단은 2023년에 ISSB의 공시기준을 공표하면서 이 기준은 재무 중대성에 따른 공시를 전제로 한 단일 중대성(single materiality) 기준임을 밝혔다.[1] 하지만 재단과 ISSB의 공식적이고 공개적인 입장과는 달리 최종적으로 공표된 ISSB 공시기준은 이중 중대성(double materiality)의 틀에서 크게 벗어나지 못하고 있다. 재무적 중요성과 관계없는 많은 정보의 제공을 요구하고 있으며, 공시의 방법에 관해서도 사회적 중대성 공시와 유사한 방법의 공시(세세한 계량적 정보의 제공)를 요구하고 있다. 더 중요한 문제는 공시의 항목이다. 현재 공표된 ISSB S1과 S2 기준서에 따르면 기업은 소위 환경

(Environment: E), 사회(Social: S), 지배구조(Governance: G)에 속하는 항목들을 검토하고 관련된 정보를 공시해야 한다. 이중 중대성 기반의 공시와 동일한 항목의 공시를 요구하고 있다. 재무 중대성에 기반한 지속가능성 공시를 함에 있어서 E, S, G의 부각은 적절해 보이지 않는다. 지속가능성 공시가 재무 중대성을 근거로 지속가능성에 관한 정보를 제공하는 것이라면, 그 주제는 E, S, G에 국한되어서는 안 되고 투자자가 관심을 갖는 사업 중심의 다양한 주제여야 한다. 다수의 투자자가 관심을 갖고 있는 시장과 소비자의 변화나 공급망의 변화, 새로운 기술의 태동 등이 포함되어야만 한다. 그리고 이들 주제와 관련된 주요 항목이 사업에 미치는 영향을 공시하는 것이 더욱 중요해 보인다.

(이중 중대성이 아닌) 단일 중대성의 선택 여부는 지속가능성 공시가 재무보고의 영역에 속하는지를 판단하는 매우 중요한 시금석이다. 만약 지속가능성 공시가 재무 중대성이라는 단일 중대성을 선택하고 재무보고의 영역에 남기로 했다면 공시의 범위와 항목에 관해서 보다 분명한 입장을 정해야 할 것으로 판단된다.

## 제1절
## 지속가능성 담론

지속가능한 미래, 지속가능한 세계에 대한 담론은 유엔을 중심으로 1980년대에 시작되었다. 이 담론은 기후와 환경의 문제로 시작했으나, 이후 사회적 불평등이나 빈곤, 차별 등 인류의 생존을 위협하는 수많은 문제로 범위가 확대되었고, 해결을 위한 구체적 행동으로 이어지고 있다.

### 1-1 담론의 시작

"지속가능성"이라는 용어가 처음 공식적으로 등장한 것은 1987년이다. 유엔이 1983년에 설립한 세계환경개발위원회(World Commission on Environment and Development: WCEP)는 1987년에 "브루트란트(Brundtland) 보고서"를 발표했다. 『우리 공동의 미래(Our Common Future)』라는 제목의 이 보고서는 "지속가능한 개발"에 대한 기대를 담고 있는데, "지속가능한 개발"이란 "현세대의 욕구를 충족시키지만 미래 세대를 희생시키지 않는 개발"이라고 정의했다.[2]

"지속가능성"에 관한 논의는 유엔을 중심으로 지속되었고, 여러 차례의 회담 및 공동선언, 다자간 협약 등의 국제적인 활동과 이벤트로 이어지면서 환경과 개발에 관한 거대 담론으로 발전했다. 1992년 브라질의 리우에서 개최된 유엔환경개발회의(United Nations Conference on Environment and Development: UNCEF)는 최초의 담론과 구호가 구체적인 계획과 행동으로 발전하기 시작한 출발점이다. 이 회의에서는 "지속가능성"을 어떻게 구현할 것인지에 관한 매우 광범위한 논의가 있었고, 회의에 참석한 전 세계의 정상들은 "지속가능성"을 위한 국제적인 협력을 약속했다.

리우 회의(Rio Earth Summit)의 가장 큰 성과는 리우 선언(Rio Declaration on Environment and Development)의 채택이었지만, 기후변화협약 등 기후와 생태계의 보호를 위한 중요한 "국제협약"의 체결 역시 중요한 성과들이다.

**■ 리우 선언의 채택**

환경과 개발의 조화를 위해서 지켜야 할 27가지 원칙에 합의함. 환경의 보호에 관한 것은 물론이고 빈곤 퇴치, 여성과 아동 문제, 국가 간 협조 등을 다룸.

**■ 3종 국제협약의 체결**

유엔기후변화협약(United Nations Framework Convention on

Climate Change: UNFCCC), 생물다양성협약(Convention on Biological Diversity: CBD), 산림보호협약(United Nations Convention to Combat Desertification: UNCCD) 등 3개의 중요한 협약을 채택했음.

■ 기후문제의 공론화

3종의 협약 중 유엔기후변화협약은 가장 핵심적 협약으로서 기후문제 해결을 위한 중요한 단초가 되었고, 향후 다양한 국제 활동으로 이어짐.

■ Agenda 21

21세기 지속가능한 개발을 위한 행동계획으로 빈곤 퇴치, 자원관리, 지속가능한 소비, 환경, 교육 등 4개 분야에 정부는 물론 기업과 시민사회가 적극 참여할 것을 권장함.

## 1-2 실천을 위한 노력

리우 회의에서 논의된 지속가능성에 관한 담론과 채택된 협약 및 계획들은 이후 다양한 형태의 국제 활동으로 이어지게 된다. "기후변화에 대한 국제적 대응"과 "지속가능한 세계를 위한 목표설정(SDGs의 설정)"은 성과가 나타나고 있는 대표적 활동들이다.

### 기후변화에 대한 국제적 대응

1992년 리우 회의는 유엔기후변화협약을 채택했다. 이 협약은 기온 상승을 1.5~2℃ 이하로 억제하고, 2050년까지 탄소중립 달성을 목표로 하는 글로벌 협력의 중심축이다. 1994년 이 협약이 공식적으로 발효되면서, 합의 내용을 실천하기 위한 기구로 당사국 회의가 설치되었다. 당사국 회의는 1995년에 첫 번째 회의를 열었고, 이후 2024년까지 29년 동안 해마다 개최된다. 기후변화에 대응하기 위한 구체적인 목표설정, 계획수립, 재정지원 등을 논의했고 국제협약 체결을 주도해 오고 있다.

1997년 제3차 당사국 회의(COP3)에서는 교토의정서 채택을 통해 선진국들의 온실가스 배출량 목표를 정한 바 있으며, 2015년 제21차 당사국 회의(COP21)에서는 파리협약 체결을 통해 모든 국가를 온실가스 감축에 참여시키는 성과를 거두었다.

현재까지도 연례회의를 지속하고 있는 당사국 회의는 최근에는 화석연료 감축, 기후피해 배상, 재생에너지 확대 등을 주요 논의 주제로 택하고 있다. 하지만 현재로서는 온난화를 지연시키기 위한 전략적 목표들을 달성하기가 어려워 보인다. 각국의 강력한 정책 강화와 협력이 필수적이지만 국제적인 협조가 순조롭지 않기 때문이다.[3]

## 지속가능한 세계를 위한 목표설정

유엔은 브루트란트 보고서에서 처음 언급했던 "지속가능한 개발"을 구체화하기 위해 다각적인 노력을 지속했다. 2000년과 2015년 두 번에 걸친 "목표설정"은 그 결과물이다.

첫 번째 결과물은 2000년에 발표한 "유엔밀레니엄개발목표(United Nations Millennium Declaration)"로, 다음 세 가지의 세부 목표로 구성되어 있다.

- 빈곤 퇴치
- 고용 확대
- 환경보호

두 번째로 내놓은 성과물은 SDGs(Sustainable Development Goals)로 많이 알려진 "지속가능발전목표"다. 2015년에 발표한 "유엔지속가능발전목표"는 17가지의 구체적 과제들로 구성되어 있다. 유엔밀레니엄개발목표가 개발도상국을 염두에 둔 계획임에 비해, 유엔지속가능발전목표는 전 세계 모든 국가를 위한 계획이다.[4]

| 빈곤 퇴치 | 깨끗한 물 | 도시 개발 | 정의와 평화 |
| --- | --- | --- | --- |
| 기아 종식 | 에너지 | 생산과 소비 | 국제 협력 |
| 건강과 웰빙 | 경제 성장 | 기후변화 | |
| 양질의 교육 | 산업화 | 해상생태계 | |
| 성평등 | 불평등 해소 | 육상생태계 | |

유엔지속가능발전목표가 발표된 이후, 이를 달성하기 위한 구체적인 활동이 각국은 물론 지역을 중심으로 활발하게 진행 중이다. 국제사회는 '유엔글로벌콤팩트(United Nations Global Compact: UNGC)'를 설립하여 지속가능발전목표를 기업의 ESG 활동과 연계하고, 기업들로 하여금 지속가능발전을 위해 안전, 노동, 환경, 반부패 등 10대 원칙을 준수하도록 하고 있다. 유럽연합은 주요 지속가능발전목표 달성을 위한 기업의 노력과 성과를 평가할 수 있도록 지속가능성 공시제도(CSRD 및 Taxonomy)를 도입했다.

하지만 다음과 같은 이유로 이들의 실행 역시 어려움에 직면하고 있다.

- 빈곤, 불평등 등 근본적 해결이 어려운 난제가 많음.
- 국가별 차이로 인해 실천 속도에 큰 격차가 발생함.
- 개발도상국의 경우 필요한 자금 조달 등 경제적인 문제를 해결하지 못함.

■ 그린워싱으로 인해 실질적 성과가 부족함.

【참고】 Appendix 2 SDGs의 17개 목표

## 1-3 지속가능성 목표의 실현

지속가능성의 목표 실현을 위한 국제적인 노력은 계속되고 있다. 하지만 당초의 전망과 달리 진행 속도는 더디고, 성과도 예상에 미치지 못하고 있다. 기후변화협약을 준수하기 위한 노력은 국제 공조에 균열이 생기면서 동력이 떨어졌다. 온실가스 배출의 주요 당사자인 개발도상국들의 활동 부진과 중국 등 주요국들의 비협조가 큰 걸림돌로 작용하고 있다. 지속가능성의 목표달성을 위한 노력은 기업의 참여와 ESG 경영의 확산을 통해 속도를 내기도 했으나, 이 역시 자본시장의 적극성이 후퇴하면서 기대에 미치지 못하고 있다.

### 기후변화협약과 흔들리는 국제 공조

지속가능성 구현을 위한 다양한 과제 중 가장 핵심 과제는 기후변화 방지와 탄소 감축이다. 이를 위해 수없이 많은 국제적 활동과 결의가 있었으며, 중요한 협정들이 체결된 바 있다. 대표적인 협정으로는 1992년의 유엔기후변화협약, 1997년의 교토의정서, 2015년의 파리협약 등이 있다. 이들 협정을 통해 전 세계는 온실가스 감축을 위한 의무를 이행하기로 합의했고, 구체적인 기후 목표까지 설정했다.

하지만 탄소중립을 목표로 한 기후변화 대응은 기대에 미치지 못했으며, 다음과 같은 이유로 단기간 내 성공하기도 어려워 보인다.

■ **자발적 이행의 한계**
자발적 협조에 의해 각국은 온실가스 감축 목표를 정하지만 강제력이 없다.

■ **주요국의 비협조**
인도와 중국 등 주요국이 이행을 회피하고 있으며, 미국조차 탈퇴와 복귀를 반복한다.

■ **선진국과 개발국 간의 갈등**
선진국은 개발도상국의 책임을 강조하고, 개발도상국은 선진국의 부담을 요구한다. 선진국이 부담하기로 한 기후기금의 약속이 이행되지 않으면서 갈등은 커지고 있다.

## 지속가능발전목표와 자본시장의 반응

지속가능발전목표의 실현에 있어 자본시장의 역할은 매우 중요하다. 자본시장을 통해 기업의 협조를 이끌어 낼 수 있기 때문이다. 유엔은 '사회책임투자원칙(Principles for Responsible Investment: PRI)'을 통해 자본시장의 투자자들과 금융기관이 기업에 대한 투자 의사결정을 할 때 반드시 ESG 요소를 고려하도록 강조해 왔다. 하지만 자본시장의 반응은 예상과 달리 더디고 소극적이다.

**■ 수익 중심의 투자**

수익창출을 목표로 하는 투자자의 입장에서 ESG 경영과 수익성 간 관계에 대한 의문이 커지고 있다. ESG 경영이 수익성과 충돌을 빚는다고 믿는다.

**■ 평가의 어려움**

기업의 ESG 경영을 평가하기가 어렵고 평가기관 간 일관성도 부족하다. ESG 경영을 형식적으로 운영하는 기업들도 있고, 그린워싱 또한 확산되고 있다.

**■ 화석연료의 수요**

금융기관들은 석탄, 석유 등 화석연료 관련 사업에 지속적으로 투자해 왔다. 투자를 중단할 수 없는 구조에 놓여 있다.

## 1-4 ESG와 기업의 ESG 공시

1980년대에 시작된 지속가능성 담론은 다양한 경로를 통해 확산되었으며, 많은 세부 행동목표와 실천계획을 통해 현실에 반영되고 있다. 2000년대에 들어선 후에는 지속가능성과 관련된 논의에서 자본시장과 기업의 역할이 강조되기 시작했다. 지속가능성의 목표달성을 위해서는 정부나 국제기구의 역할 이상으로 기업의 역할이 중요하다는 인식이 확산되었기 때문이다. 자본시장과 기업의 변화를 유도하기 위한 여러 가지 방법이 논의되었고, 'ESG'라는 용어가 사용되기 시작했다.

ESG라는 용어는 2004년에 발간된 Who Cares Wins 보고서에서 처음 사용되었다. 유엔글로벌콤팩트와 20여 개 금융기관이 공동으로 작성한 동 보고서는 기업의 ESG 성과를 통해 기업의 중장기적인 가치창출 능력을 파악할 수 있다고 언급하고 있다. ESG 경영이 기업의 가치창출에 기여한다는 뜻이다.

2006년 유엔이 사회책임투자원칙을 발표하면서 ESG 개념이 확산되었고, 기업과 투자자들은 ESG 경영과 ESG 성과평가에 큰 관심을 갖게 되었다.

## 유엔의 사회책임투자원칙

사회책임투자원칙은 유엔이 주도하여 개발하고 제안한 "투자에 관한 기본 원칙"이다. 2006년 산하 기구인 유엔환경계획 금융 이니셔티브(United Nations Environment Programme Finance Initiative: UNEP FI)와 UNGC가 공동으로 발표했다. 이 원칙은 금융기관과 투자자들이 투자 의사결정을 함에 있어서 ESG 요소를 고려하도록 독려하며, 다음을 포함한 6개의 세부 원칙으로 구성되어 있다.

- 투자 분석과 의사결정에 ESG를 포함할 것.
- 투자대상 기업에 ESG 정보를 요구할 것.
- ESG 투자원칙을 금융산업 전반에 확산시킬 것.

## ESG 경영

ESG 경영이란 환경(E), 사회(S), 거버넌스(G)의 요소들을 고려한 기업 경영이다. ESG 경영을 함으로써 기업은 투자자는 물론 소비자와 정부의 신뢰를 얻게 된다는 사실에 기초하고 있으며, 기업가치를 높이고 지속가능성을 제고하기 위해서도 ESG 경영이 필수적이라는 믿음이 ESG 경영을 확대시켜 왔다.

## ESG 성과평가

2006년에 발표된 사회책임투자원칙은 "금융기관의 투자 의사결정 시 ESG 이슈의 반영", "피투자기업의 ESG 정보공개" 등을 골자로 하고 있으며, 세부 실천계획 중에는 금융기관의 "투자 프로세스 개선", "피투자기업에 대한 모니터링", "적극적 의사권 행사" 등이 포함되어 있다. 사회책임투자원칙은 법적 구속력이 없는 원칙에 불과하지만, 사회책임투자원칙에 서명한 3천 개 이상의 금융기관들은 이 원칙을 준수하기 위해 투자기업에 대한 모니터링과 ESG 성과평가를 강화해 왔다. 특히, 2020년을 전후해서는 주요 글로벌 펀드를 포함한 많은 투자자들이 투자 의사결정에 기업의 ESG 성과를 적극적으로 반영하게 되었고, 기업들 역시 ESG 성과와 ESG 평가에 대해 지대한 관심을 보여왔다.

## ESG 공시

기업의 ESG 성과평가를 위해서는 ESG 경영과 그 결과에 대한 정보공개가 필요하다. 많은 글로벌 기업들이 자발적으로, 또는 투자자들의 요구에 따라 공시를 시작했다. 유럽연합은 2017년부터 NFRD (Non-Financial Reporting Directive)에 의한 정보공개를 제도화했고, EU Taxonomy에 의한 공시도 의무화한 바 있다. 영국, 미국, 일본, 싱가포르, 인도와 같이 유럽연합 이외의 국가에서도 ESG 관련 정보

공개를 제도화하고 있다. 강제 여부에 상관없이 많은 글로벌 기업들은 자신의 ESG 경영성과를 외부에 알리기 위해 ESG 공시를 해 오고 있다.

## 1-5 ESG 공시의 프레임워크

ESG 공시는 기업이나 조직이 자신의 ESG 관련 활동과 그 성과를 투명하게 공개하는 과정이다. 기업은 공시를 통해 주주는 물론이고 직원과 고객, 지역사회를 포함한 다양한 이해관계자들에게 자신의 지속가능 경영의 실천 현황을 보여 준다. 공시의 내용은 탄소배출, 에너지 사용, 자원관리와 같은 환경(E) 요소, 노동·인권·안전관리 등 사회(S) 요소, 그리고 윤리경영·준법·내부통제 등의 거버넌스(G) 요소가 포함된다.

공시에는 몇 가지 종류의 보고기준(또는 Framework)이 활용되며, 다음과 같은 기준이 가장 널리 사용된다.[5]

■ GRI 기준

전 세계적으로 가장 많이 활용되어 온 ESG 공시를 위한 기준이다. 환경, 사회, 지배구조 등 다양한 항목에 대해 정교한 공시의 틀을 제시하고 있는 기준으로 사회적 중대성(impact materiality)을 강조하는 이중 중대성 기반의 대표적인 공시기준이다.

■ SASB 기준

미국에서 설립된 지속가능성회계기준위원회(Sustainability Accounting Standards Board: SASB)가 발표한 공시기준으로 투자자들의 요구를 수용한 재무 중대성(financial materiality, single materiality) 기반의 공시기준이다. 다른 기준과 달리 77개 산업별 보고기준을 제시하여 높은 실용성을 바탕으로 매우 빠르게 확산되어 왔다.

■ TCFD 권고안

G20의 요청에 따라 설립된 다국적협의체 TCFD(Task Force on Climate-related Financial Disclosures)가 제시한 지속가능성 공시를 위한 지침이다. 기후변화에 국한하여 지침을 제시하고 있으며, 공시할 내용보다는 공시보고의 방법과 보고서의 구성에 대한 지침을 제시함으로써 이후 ISSB 공시기준 프레임워크에 많은 영향을 주고 있다.

【참고】 Appendix 3 ESG 공시의 프레임워크

## 제2절
## 지속가능성 공시와 공시기준

2020년을 전후로 국제적으로 정합성을 갖춘 지속가능성 공시의 필요성이 부각되었으며, 각국의 법제화를 전제로 한 새로운 기준의 제정이 시작되었다. 그 결과, 2023년과 2024년에 2개의 국제기준이 완성되었고, 많은 국가들이 해당 기준에 따른 의무공시를 제도화해 나가고 있다.

### 2-1 ESG 공시에서 지속가능성 공시로

2020년 "지속가능성 공시"에 대한 논의를 미루어 오던 IFRS 재단은 "지속가능성 공시를 위한 새로운 기준"의 제정 의사를 공식적으로 밝혔다. 지속가능성 공시는 이전의 ESG 공시와는 여러 가지 점에서 차이가 있다. 가장 중요한 차이는 공시의 목적이다. ESG 공시가 기업의 사회적 책임에 무게를 두고 책임이행의 성과를 이해관계자에게 보여 주는 공시라면, 지속가능성 공시는 기업을 위협하는 외부 요인들을 적시하고 기업이 어떻게 이 위협에 대응하고 극복하고 있는지를 보여 주는 공시다. 기업의 탄소배출량과 감축을 위한 노력 및 성과를 보여 주는 것이 ESG 공시라면, 기후 온난화나 수자원의 고갈에 대한 기업의 대비책을 보여 주는 것이 지속가능성 공시다.

### 지속가능성 공시의 논의 배경

주주와 투자자를 위한 지속가능성 공시의 필요성은 국제증권감독기구(International Organization of Securities Commissions: IOSCO)를 비롯한 각국의 금융 감독기관과 투자자를 대변하는 기관들에 의해 오래전부터 논의되어 왔다. 투자자나 감독기관의 입장에서, 기업의 단기적인 성과를 보여 주는 재무보고만으로는 투자 의사결정을 내리기 어려웠고, 기업의 장기 비전을 입증할 수 있는 추가적인 증거가 필요했기 때문이다. 하지만 이 요구는 오랫동안 논의의 수준에 머물렀다.

2020년, 유엔을 비롯한 국제기구들은 기존의 ESG 공시를 대체하는 지속가능성 공시의 필요성에 공감하고 지속가능성 공시를 위한 기준의 제정을 IFRS 재단에 요청했다. 기존의 ESG 공시가 가진 강제성 부족, 서로 다른 복수의 기준, 국제표준의 부재 등 여러 한계를 극복하기 위함이었다.

2020년 9월 IFRS 재단은 새로운 지속가능성 공시기준의 제정 가능성을 검토하기로 했고, 이 계획을 대외적으로 공표했다. 2021년 2월 재단은 공시기준 제정을 맡을 ISSB의 설립을 제안했고, 11월에는

ISSB의 설립을 공식 발표했다. 이후 2022년부터 2023년 사이 지속가능성 공시기준이 제정되었다.[6]

【참고】 Appendix 4 ISSB의 출범 배경

## ESG 공시와 지속가능성 공시의 차이

IFRS 재단의 지속가능성 공시기준은 2023년에 공표되었으며, 주요국들은 이에 맞추어 지속가능성 공시를 법제화하고 있다. **표 4-1**에 제시된 바와 같이, 새로 도입되는 지속가능성 공시는 과거의 ESG 공시와 여러 측면에서 차이가 있다. 첫째, 공시 목적의 차이이다. ESG 공

**표 4-1** ESG 공시와 지속가능성 공시의 차이

| 구분 | ESG 공시 | 지속가능성 공시 |
|---|---|---|
| 공시의 목적 | 기업의 사회적 책임 이행 여부를 공개 | 외부 ESG 환경의 변화에 대한 기업의 대응 여부를 공개 |
| 공시의 이용자 | 소비자 전부 포함 다수의 이해관계자 | 주주와 투자자 |
| 공시의 내용 | 기후, 환경, 자원 등에 관한 기업의 책임과 책임이행 여부를 주로 계량화된 자료로 공시 | 기후변화와 자본고갈, 환경오염으로 인한 기업의 피해를 막기 위한 중·장기적인 대책과 대책의 진척도를 비계량적인 정보 중심으로 공시 |
| 공시를 위한 기준 | GRI, SASB[7] | ESRS[8] |
| 중대성의 채택 | 이중 중대성 | 재무 중대성 |

시가 기업의 사회적 책임 이행에 관한 것이라면, 지속가능성 공시는 외부 환경변화에 대응한 기업의 지속가능성을 위한 공시다. 둘째, 공시정보 이용자의 차이다. ESG 공시의 이용자가 정부와 규제기관을 포함한 다수의 이해관계자라면, 지속가능성 공시의 중요한 이용자는 주주와 투자자들이다. 셋째, 강제성의 차이다. ESG 공시는 법적인 구속력과 강세성이 없는 빈면, 지속가능성 공시는 법적 근거를 바탕으로 한 강제성을 갖는다.

## 2-2 공시를 위한 기준들

지속가능성 공시는 ISSB가 제정한 IFRS S1, IFRS S2(또는 유럽연합이 제정한 ESRS 기준) 등에 따라 이루어질 예정이다.[9]

ISSB 기준은 유엔을 비롯한 다양한 이해 관련자들의 요구를 반영해, 다음과 같은 조건을 선세로 세정되있다.

- 주주 및 투자자를 위한 정보를 제공한다.
- 국제적인 정합성을 유지한다.
- 법제화를 통한 의무공시를 도모한다.

ISSB 공시기준과 ESRS 공시기준의 내용은 다음과 같다.

## ISSB 공시기준

기업들은 환경(E), 사회(S), 거버넌스(G) 요소를 포괄하는 ESG 공시를 자율적으로 실시해 왔다. 하지만 투자자들과 각국 규제기관들은 국제적으로 정합성을 갖춘 공시를 요구해 왔다. 국가별 또는 기업별로 상이한 기준을 사용함에 따라, 투자자들이 일관성 있고 비교 가능한 정보를 얻기 어려웠기 때문이다.

IFRS 재단은 이해관계자들의 지속적인 요구에 따라 2021년 11월 ISSB를 설립했고, ISSB는 기존의 SASB, TCFD, CDSB, GRI 등을 고려하여 국제표준 공시기준을 제정했다. 최초의 지속가능성 공시기준서 IFRS S1과 IFRS S2는 2023년 6월에 발표되었으며, 두 기준서는 2024년 1월 1일부터 시행되고 있다.

공시의 일반 요구사항을 제시한 S1과 기후 관련 공시의 요구사항을 담은 S2의 내용은 다음과 같다.

**■ 지속가능성 공시 일반 요구사항(S1)**

□ 공시에 관한 일반적인 원칙을 제시함.

–기업은 지속가능성 관련 위험과 기회를 식별하고, 이에 대한 대응 전략을 공시해야 함.

–공시는 '핵심 요소(Core Content)'를 기반으로 구성됨(거버넌스,

전략, 리스크 관리, 지표 및 목표).

– 산업별 공시기준이 따로 존재하지 않지만, SASB의 산업별 기준을 참고할 수 있음.

– 공시의 목적은 투자자가 기업의 장기적 지속가능성 및 재무성과를 평가하는 것임.

■ **기후 관련 공시기준(S2)**

□ 다양한 공시의 주제 중 기후 관련 공시의 기준을 제시함.

– 기후변화가 기업의 경영 전략과 재무상태에 미치는 영향을 공시해야 함.

– 온실가스 배출량(Scope 1, 2, 3) 공개가 의무화됨.

– 기후변화에 따른 물리적 및 전환 리스크를 명확히 설명해야 함.

– 기후 관련 목표 및 대응 전략을 명시해야 함.

ISSB 공시기준은 지속가능성 보고를 위한 국제표준으로 자리 잡아 가고 있으며, 다음의 주요 국가 및 기관들이 ISSB 기준을 채택하거나 준수하도록 권고하고 있다.

**유럽연합**: ESRS와 ISSB 기준을 조화롭게 활용할 계획.

**영국**: ISSB 기준을 수용하여 자국의 지속가능성 공시기준과 연계할 예정.

**싱가포르**: ISSB 기준을 준수하는 지속가능성 공시의 의무화 방

안을 검토 중.

**캐나다**: ISSB 기준을 기반으로 한 지속가능성 공시 의무화를 추진.

**호주**: ISSB 기준을 기반으로 한 자국의 공시기준을 제정 추진.

## ESRS 공시기준

유럽연합은 2014년 NFRD를 도입하여 기업들이 ESG 정보를 공시하도록 요구해 왔으나, 적용 대상이 제한적이고 공시기준이 일관되지 않았다.

유럽연합은 2022년 11월 NFRD보다 진전된 기업지속가능성공시지침(Corporate Sustainability Reporting Directive: CSRD)을 채택하면서 공시 의무를 더욱 강화했다. 동시에 ESRS를 제정하여 체계적이고 비교 가능한 방식으로 지속가능성 정보를 공시하도록 했다. ESRS 최종기준은 2023년 7월에 승인되었으며, 2024년부터 단계적으로 적용되고 있다.

ESRS는 총 12개 기준(2개 공통 기준+10개 주제별 기준)으로 구성되며, 환경(E), 사회(S), 거버넌스(G) 3개의 영역으로 구분된다.

■ 공통 기준(Cross-cutting Standards)

□ 지속가능성 공시에 대한 개별적인 내용(E1)과 모든 기업이 작성해야 하는 일반 공시사항(E2)으로 구성됨.

- ESRS 1: 지속가능성 보고 개념과 원칙(General requirements)
- ESRS 2: 일반 공시 요구사항(General disclosures)

■ 환경(E) 기준

□ 기후변화를 포함한 5개의 기준을 제시함.

- ESRS E1: 기후변화(Climate change)
- ESRS E2: 오염(Pollution)
- ESRS E3: 수자원 및 해양자원(Water and marine resources)
- ESRS E4: 생물다양성 및 생태계(Biodiversity and ecosystems)
- ESRS E5: 자원 이용 및 순환경제(Resource use and circular economy)

■ 사회(S) 기준

□ 직원, 소비자, 지역사회 등 4개의 기준을 정함.

- ESRS S1: 직원(Own workforce)
- ESRS S2: 가치사슬 내 근로자(Workers in the value chain)
- ESRS S3: 영향 받는 지역사회(Affected communities)
- ESRS S4: 소비자 및 최종 사용자(Consumers and end-users)

■ 거버넌스(G) 기준

□ 기업의 지배구조에 대한 기준이 제시됨.

－ESRS G1: 기업 행동(Business conduct)

유럽의 모든 기업은 의무적으로 ESRS에 따른 공시를 해야 한다. 유럽에서 사업을 영위하는 글로벌 기업들도 CSRD 요구사항을 충족해야 하므로 관련 공시를 준비 중이다.

## 2-3 의무공시의 도입 상황

지속가능성 공시는 의무화를 전제로 논의되어 왔다. 의무화에 관한 주요국의 진척 상황은 아래와 같다.

■ 유럽연합

CSRD를 도입하면서 모든 유럽연합 국가들이 ESRS에 따른 공시 의무화를 추진 중이다. 국가별로 2024년부터 단계적으로 도입되며, 상장기업뿐만 아니라 비상장 대기업까지 적용 범위가 확대된다. 유럽연합 내에서 일정 규모 이상의 자회사나 지점을 운영하는 비유럽연합 기업(외국 기업)도 공시 의무를 지게 된다.

【참고】 2025년 2월 26일, '유럽연합 옴니버스 간소화 패키지(EU Omnibus Proposal—Simplification Omnibus Package)'가 제안되었다. 현행 제도인 CSRD, EU Taxonomy, 그리고 CSDDD(Corporate Sustainability Due Diligence Directive)의 요구사항을 통합하고, 비례성(proportionality)과 단순화(simplification) 원칙을 적용함으로써 기업의 지속가능성 실사와 공시 의무에 따른 부담 경감을 목표로 한다.

### ■ 미국

증권거래위원회(Securities and Exchange Commission: SEC)가 2024년 3월에 기후 관련 공시규정을 발표했으며, 상장사를 대상으로 2026년부터 기후공시를 의무화할 예정이다. 그러나 산업계와 정치권의 반발로 인해 시행 과정에서 어려움을 겪고 있다.

【참고】 SEC 공시규정은 2025년 폐기됨.

### ■ 한국

금융위원회는 2021년 유가증권시장 상장기업을 대상으로 2025년부터 ESG 공시 의무화를 계획했으나, 2023년 10월에 이를 2026년 이후로 연기했다. 이후 추가적인 연기가 결정되어 2028년 이후에 시행될 것으로 예상된다.

### ■ 일본

금융청을 중심으로 ESG 공시 의무화에 대한 논의를 시작했으며, 이르면 2027년부터 기업 규모에 따라 순차적으로 공시를 시행할 계획이다.

■ **영국, 호주, 싱가포르**

ISSB 기준을 기반으로 자국의 공시기준을 개발 중이며, (2025년 초에 최종 기준을 발표할 예정) 2026년부터 공시를 의무화하기로 했다.

## 2-4 현안과 논점

ESRS와 ISSB 공시기준의 도입은 범세계적인 지속가능성 공시의 시작을 알리는 중요한 사건이다. 하지만 이들 기준에 대한 비판과 논란도 지속되고 있다.

### ISSB 공시기준에 대한 주요 비판

ISSB 공시기준이 확정되면서 제기된 비판은 다음과 같다.

■ **이중 중대성 미반영**

ISSB 기준은 유럽연합의 CSRD와 달리 이중 중대성을 반영하지 않고 있다. 기업의 재무 중대성만 반영하여 제정된 단일 중대성 기반의 기준이다. 기업이 환경과 사회에 미치는 영향(impact materiality)에 대한 공시 의무가 없다는 뜻이다.[10] 국제사회가 추구하는 지속가능성에 대한 기업의 역할을 간과하고 있다.

### ■ 환경(E) 외의 사회(S), 거버넌스(G) 요소 부족

2025년 8월 기준 현재 ISSB 기준(IFRS S1, IFRS S2)이 요구하는 공시정보는 기후 관련 정보($CO_2$ 배출, 기후 리스크 등)에 집중되어 있다. 노동권, 인권, 공급망 리스크, 다양성·포용성(Diversity & Inclusion) 등 사회(S)와 거버넌스(G) 요소는 아직 포함되어 있지 않거나 상대적으로 부족하다. 유럽연합의 CSRD, GRI가 ESG 전반을 포용하는 것과 다르게 기후 중심 공시에 편향되어 있다.

【참고】 Building Blocks Approach에 따라 사회(S)와 거버넌스(G) 요소들, 그리고 기후변화 이외의 환경(E) 요소들과 관련한 기준서들이 순차적으로 제정되기로 논의된 바 있으나, 2023년 이후 약 2년이 지난 현시점에도 기후변화 공시기준서인 S2 이후 S3이 배포되지 않고 있다.

### ■ 공급망(Scope 3) 공시의 부담

IFRS S2 기준서는 온실가스 배출량(Scope 1, 2, 3)을 공시하도록 요구하고 있다. Scope 3 공시는 기업이 공급망 전체의 배출량을 추적해야 하므로 상당한 비용과 자원이 소요된다. 특히, 중소기업(Small and Medium Enterprises: SME)과 공급망이 복잡한 기업들에게 현실적으로 큰 부담을 준다.

**■ 미국 SEC, 유럽연합 CSRD 등과의 정합성 문제**

현재 글로벌 지속가능성 공시기준은 서로 다른 여러 기관에서 제시하고 있는데, ISSB 기준은 이들과 일치하지 않는다. 이로 인해 기업들은 ISSB, CSRD, SEC 기준을 각각 따로 준비해야 하는 부담을 안고 있다.

【참고】 ISSB와 ESRS 간에는 상호 운용성을 높이기 위한 협력이 진행 중이며, IFRS 재단과 EFRAG가 기후 관련 공시의 높은 수준의 정합성을 설명하고 두 기준의 병행 준수를 지원하는 지침(interoperability guidance)을 공동으로 발표한 바 있다. 그러나 이러한 논의와 지침 발표에도 불구하고, 복수의 기준서로 인해 발생하는 기업의 보고 부담을 실질적으로 완화하는 데는 아직 가시적인 성과가 나타나지 않고 있다.

## ESRS 기준에 대한 주요 비판

ESRS 기준은 2023년에 확정되었다. 기준서 제정 기간 중 많은 문제들이 제기된 바 있었으며, 해당 논의들이 최종 기준에 상당 부분 반영되었다. 2025년에 유럽연합집행위원회가 EFRAG를 통해 추가로 수렴한 의견들은 다음과 같다.

■ **중대성 평가 절차의 복잡성**

중대성 평가가 실무적으로 매우 복잡하고 어렵다. 따라서 중대성 평가에 관한 명확한 지침이 필요하며 평가 절차의 간소화도 필요하다.

■ **글로벌 공시기준들과의 연계성 부족**

많은 비유럽 국가들이 채택했거나 채택할 ESRS 이외의 기준들(예: ISSB 기준)과의 차이를 식별하고 그 차이로 인한 중복 공시의 문제에 대비할 필요가 있다.

■ **각국 법률과의 일관성**

ESRS를 채택하는 유럽연합 국가들의 국별 입법 내용과 일관성을 유지함으로써 갈등과 혼선을 줄여야 한다.

### 공통적인 논점

ISSB 기준과 ESRS 기준은 각각의 또는 공통의 약점 혹은 미비점을 가지고 있다. 두 기준의 공통 이슈 중 가장 큰 문제는 "재무보고 기준으로서의 정체성" 부족이다.

당초 IFRS 재단은 지속가능성 공시가 주주와 투자자를 위한 보고임을 전제로 지속가능성 공시기준을 제정하기로 했다. 제정하는 공시기준이 재무 중대성을 전제로 한 기준인 것이다. 실제 ISSB 공시기준은 외견상 재무 중대성을 표방하고 있다. 기준의 명칭도 "재무보고 기준으로서의 지속가능성 공시기준(Disclosure of Sustainability-related Financial Information)"으로 정해졌다. 하지만 그 구조는 물론이고 세부 내용은 재무 중대성에 근거한 공시기준으로서의 정체성을 유지하고 있지 않다.

유럽연합 국가들을 중심으로 도입된 ESRS 역시 주주와 투자자를 위한 지속가능성 공시기준이다. ESRS가 표방하는 이중 중대성이란 ESRS를 사용한 지속가능성 공시가 이해관계자를 위한 정보 제공뿐 아니라 주주 및 투자자를 위한 정보 제공을 포함한다는 뜻이다. 하지만 ESRS를 근거로 한 지속가능성 공시 역시 주주 및 투자자에게 충실한 정보를 제공하는지 의문이 제기된다. 재무 중요성에 충실하지 못하기 때문이다. 주주와 투자자가 진정으로 원하는 정보를 제공하도록 설계되어 있지 않다는 뜻이다.

## 제3절
## 중대성의 선택

ISSB와 ESRS 공시기준은 모두 중대성의 선택에서 혼란을 겪고 있다. 두 기준 모두 재무 중대성에 따른 정보의 제공을 전제로 하고 있으나, 각 기준이 제시한 공시의 주제를 보면 전제가 충족되고 있는지 의심스럽다. 현재 제시된 주제들이 재무 중대성의 관점에서 선정된 것인지 의문이 들며,[11] 이들 주제만으로 주주와 투자자들의 기대를 충족시킬 수 있는지도 의심스럽기 때문이다. 이러한 모호성으로 인해 정보 이용자들은 혼란을 겪고 있다.

### 3-1 단일 중대성 vs. 이중 중대성

중대성이란 무엇이 중요한지를 판단하는 기준이다. 공시에서 중대성(materiality)이란 기업이 이해관계자들에게 공개해야 할 중요한 정보를 선별하는 데 사용되는 기준을 의미한다. 다른 모든 보고와 마찬가지로, 지속가능성 공시에서도 기업이 모든 활동과 그 결과를 빠짐없이 보고할 수는 없다. 방대한 분량의 정보 속에서 정보 이용자에게 중요한 내용을 선별해서 보고할 수밖에 없다. 따라서 중요한 정보가 무엇인지 판단하는 중대성의 선택과 적용은 매우 중요하다. 그런데 지속가능성 공시에서는 공시정보의 이용자가 누구인가에 따라 중대성의 개념이 달라진다.

### 중대성 평가 과정

기업은 지속가능성 공시를 위해 중대성을 평가하는 프로세스를 거치게 된다. 일반적인 절차는 다음과 같다.

**이해관계자 식별:** 투자자, 고객, 직원, 지역사회, 규제기관 등 기업의 지속가능성에 영향을 받는 이해관계자를 파악한다.
**핵심 이슈 선정:** 지속가능성 이슈 중 기업과 이해관계자에게 중요한 주제를 선정한다.
**영향 평가:** 각 이슈가 기업에 미치는 영향을 분석하고 평가한다.
**우선순위 결정:** 평가 결과를 바탕으로 보고서에 포함할 중대 이슈를 결정한다.
**공시 및 보고:** 선정된 이슈에 관한 보고 내용을 준비하고 공시한다.

## 중대성의 유형

전통적인 재무보고에서도 중대성의 적용은 필수적이다. 하지만 재무보고를 함에 있어서 중대성의 적용은 비교적 단순하다. 재무보고의 이용자는 원칙적으로 투자자이므로, 투자자나 주주에게 재무적으로 중요한 정보를 선별하여 보고하면 된다. 이것을 재무 중대성이라고 하며, 재무보고가 재무 중대성을 기반으로 한 보고라는 점에 대해서는 이견이 없다.

반면, 지속가능성 공시에서 중대성의 적용은 재무보고처럼 단순하지 않다. 판단과 결정이 필요하다. 단순히 재무 중대성을 적용할 것인지, 그렇지 않다면 재무 중대성 이외에 사회적 중대성을 동시에 적용할 것인지 서로 다른 입장이 있기 때문이다. 전자는 단일 중대성을 지지하는 입장이고, 후자는 이중 중대성을 지지하는 입장이다.

■ **단일 중대성을 지지하는 입장**

지속가능성 공시에 포함될 정보를 선별함에 있어 재무 중대성 한 가지만을 고려하면 된다는 입장이다. 단일 중대성을 택하는 경우, 기업은 다양한 외부의 환경적 또는 사회적 요소가 재무성과와 주주가치에 미치는 영향만을 평가하면 된다. 특정 요소가 재무에 중요한 영향을 미친다면, 해당 요소는 재무 중대성을 갖는 것으로 간주되어 공시의 대상으로 선정된다. 따라서 단일 중대성을 전제로 한 지속가능성 공시에서는 공시 항목을 선정할 때, 그것이 기업의 투자 의사결정에 영향을 미치는지 판단하여 공시 여부를 결정하게 된다.[12](예: 공업 용수의 수질 악화가 기업의 비용 구조와 수익성에 상당한 영향을 미칠 경우, 그 원인과 기업의 대응 활동을 공시)

■ 이중 중대성을 지지하는 입장

지속가능성 공시에 포함될 정보의 중요성을 판단함에 있어 재무 중대성 이외에 사회적 중대성까지 고려해야 한다는 입장이다. 사회적 중대성이란, 기업의 활동이나 활동의 결과가 자연환경과 사회환경에 미치는 영향의 중대성이다. 이중 중대성을 택하는 경우, 기업의 활동이나 활동의 결과를 공시함에 있어서 주주와 투자자의 관심 대상인 재무적 중요성이 있는 것(특정 지속가능성 이슈가 현재 또는 미래에 재무제표 수치에 영향을 미칠 사안들)뿐 아니라, 기업 외부의 환경이나 사회에 미치는 영향과 관련된 환경·사회적 중요성이 있는 사안들까지 공시한다는 것이다.[13](예: 기업의 공급망에서 발생하는 인권 문제나 안전 문제가 사회적으로 중요하다면 그에 관한 정보를 공시)

## 3-2 중대성의 선택

지속가능성 공시기준 중에는 단일 중대성을 전제로 제정된 기준도 있고, 이중 중대성을 전제로 제정된 기준도 있다. ISSB 공시기준은 대표적인 단일 중대성 기반의 기준이고, ESRS나 GRI는 대표적인 이중 중대성 기반의 기준이다.

### 단일 중대성을 선택한 기준

단일 중대성을 선택한 대표적인 공시기준은 ISSB 공시기준이다. TCFD 기준이나 SASB 기준 역시 단일 중대성에 기반한 기준들이다. 이들 기준은 모두 외부의 환경이 기업의 재무에 미치는 영향을 기준으로 중요성을 판단하는, 즉 재무 중대성의 원칙에 기반한 기준이다. 기후의 변화든, 수자원의 고갈이든 외부 여건이 기업의 활동과 현금흐름에 상당한 영향을 미친다면 이들 외부 여건과 그 영향을 대응 전략과 함께 공시하게 된다.

물론 이 세 가지의 기준은 각각 서로 다른 용도와 특성을 가지고 있다. TCFD는 공시 대상이 되는 외부 환경을 기후변화에 국한하고 있으며 공시의 방법을 지배구조와 전략, 위기와 기회 등으로 구분하여 제시하고 있다. SASB 기준은 산업별로 각기 다른 공시의 주제를 제시하여 '산업 기반 공시'라는 매우 유용한 인프라를 제공하고 있다.

ISSB 기준은 TCFD의 방법론을 차용하면서 제정된 공시기준이지만, TCFD와 달리 공시 대상을 확대하고 있다. 이렇듯, 이 세 가지 기준은 서로 다른 용도와 특성을 가지고 있지만, 모두 재무 중대성을 근거로 한 단일 중대성 기반의 기준이다.

### 이중 중대성을 선택한 기준

반면, GRI 기준이나 ESRS 기준은 이중 중대성을 선택한 기준이다. 이들 기준은 기업이 공시 항목을 선택할 때 재무 중대성은 물론 환경중대성과 사회중대성을 모두 고려하도록 설계되어 있다. 대표적인 이중 중대성 기반의 기준인 GRI의 경우, 공시 항목을 결정할 때 환경·사회적 변화가 기업에 미치는 영향을 고려할 뿐만 아니라 기업의 활동이 환경과 사회에 미치는 영향까지 모두 고려하도록 요구하고 있다. 실제 GRI의 공시 요구사항에는 31개의 주제와 89개의 공시 항목이 포함되어 있는데, 각 항목은 이중 중대성을 전제로 설정된 항목들이다. 2023년에 제정된 ESRS 역시 이중 중대성을 전제로 만들어진 공시기준으로 기준서를 관통하는 10개의 주제는 모두 이중 중대성을 전제로 설정된 것들이다.

## 3-3 재무 중대성과 기준 간의 불합치

재무 중대성에 기반한 기준 중 대표적 기준인 SASB 기준은 그 개념체계에서 다음과 같이 말하고 있다.

"SASB 기준은 (산업별로) 기업의 재무상태나 영업성과에 중요한 영향을 미칠 가능성이 높다고 판단되는 지속가능성 주제들을 다룬다."

또 이어서 다음과 같은 진술을 계속한다.

"SASB 기준은 단기·중기·장기적으로 기업가치에 중요한 영향을 미치는 지속가능성 사안과 관련하여 의사결정에 유용한 정보를 투자자에게 제공한다."[14]

이 두 가지 진술은 SASB가 재무 중대성에 기반한 공시기준임을 분명히 하고 있으며,[15] 재무 중대성이 무엇인지를 잘 설명하고 있다.

### SASB의 주제와 재무 중대성

SASB는 공시를 위한 총 30가지의 주제를 제시하고 있다. 그림 4-1에 제시된 것처럼 환경, 사회적 자본, 인적 자본, 사업 모형, 리더십과 지배구조라는 다섯 가지의 범주하에 선정된 30가지의 주제들(gene-

**그림 4-1** SASB 지속가능성 주제

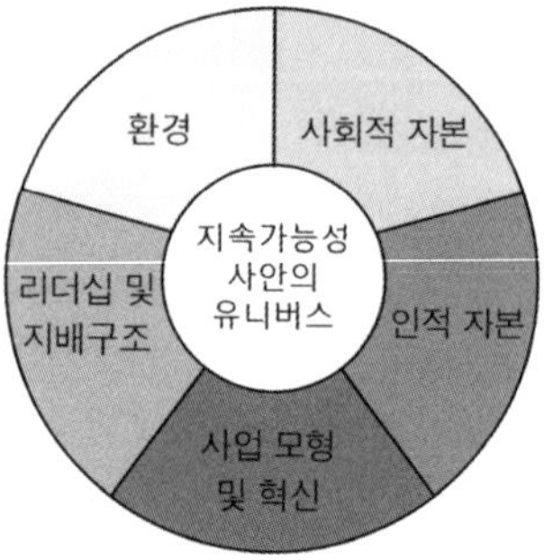


**표 4-2** SASB 지속가능성 유니버스(Universe) 내 30가지 주제

**환경**

온실가스 배출/ 대기질/ 에너지 관리/ 연료 관리/ 물 및 폐수 관리/ 폐기물 및 유해물질 관리/ 생물다양성 영향

**사회적 자본**

인권 및 지역사회 관계/ 접근성 및 적정 가격/ 고객 편익/ 데이터 보안 및 고객 프라이버시/ 공정한 공개 및 라벨링/ 공정한 마케팅 및 광고

**인적 자본**

노사관계/ 공정 노사관행/ 다양성 및 포용성/ 직원 건강, 안전, 복지/ 보상 및 복리 후생/ 직원 채용, 개발, 유지

**리더십 및 지배구조**

체계적 위험관리/ 사고 및 안전성 관리/ 사업 윤리 및 지급 투명성/ 경쟁적 행위 / 규제 포획 및 정치적 영향력/ 자재 조달/ 공급망 관리

**사업 모형 및 혁신**

재화와 용역의 수명 주기에 걸친 영향/ 자산 및 영업에 미치는 환경·사회적 영향 / 제품 포장/ 제품 품질 및 안전성

ral issue categories)이다(표 4-2 참조).

이들 주제 중에는 재무적 중대성의 관점에서 선택된 적절한 주제인지 의문을 갖게 하는 것이 많다. 재무 중대성이라는 시각에서 매우 지엽적인 주제(예: 제품 포장, 자재 조달, 연료 관리)도 있고 지나치게 추상적인 주제(예: 고객 편익, 생물다양성, 안전 및 지역사회)도 포함되어 있다. 이중 중대성의 입장에서나 다루어야 할 주제(예: 온실가스 배출, 탄소중립, 폐기물 관리)도 다수 포함되어 있다. 선정된 주제들이 재무 중대성 기반이라는 공시기준의 원칙과 부합하지 않는다는 의미다.

### ISSB 공시기준과 재무 중대성

현재까지 공표된 ISSB 공시기준은 기후 관련 S2뿐이다. S2에 따라 공시해야 할 기후 관련 정보들이 주주나 투자자가 원하는 정보이고 그들의 의사결정에 매우 중요한 정보일까? 이에 많은 의문이 제기되고 있다.

사업의 미래가 기후변화에 직접 영향을 받는 기업도 다수 있다. 직접은 아니지만 공급망들을 통해 2차적 혹은 3차적으로 영향을 받는 기업들도 많다. 하지만 그렇지 않은 기업도 많다. 기후변화로부터 커다란 피해도, 중대한 이익도 받지 않는 기업들에게 S2 기준서 내 공시정보들을 요구하는 것이 합당한지 의문이다.

물론 온실가스 배출량에 관한 정보가 사회적으로 매우 중요한 정보이고, 배출량 감축에 실패하는 경우 그것이 누구든 법적 규제나 사회적 규제의 대상이 되는 것은 분명하다. 그러나 그 정보가 모든 주주에게 재무적으로 중대한 정보인지는 점검이 필요하다.

향후 ISSB 기준에 포함될 것으로 기대되는 다음 주제들에 대해서도 동일한 의문이 제기될 수 있다. 이들 주제와 관련된 정보들은 기업의 활동이 환경 또는 사회에 미칠 영향에 관한 정보들이다. 하지만 그 정보가 모든 주주나 투자자들의 1차적인 관심은 아닐 수 있다.

- 생물다양성(Biodiversity)
- 생태계와 생태계 서비스(Ecosystem and ecosystem services)
- 인적 자본(Human capital)
- 공급망(Supply chain)
- 인권(Human rights)

# 제4절
# 재무 중대성 기반의 공시(ISSB 기준)

향후 미국 등 몇 개 국가를 제외한 대부분의 국가는 ISSB 기준 또는 그에 준하는 자국의 기준에 따라 지속가능성 공시를 하게 될 예정이다. 이 절에서는, 앞서 제3절에서 언급한 우려들[16]에 대한 대응책을 ISSB 기준을 중심으로 제시한다.

## 4-1 공시 항목의 확대

### 현행의 공시 항목

지속가능성 공시의 필요성과 중요성에 이의를 제기하기는 어렵다. 지속가능성 공시가 사회적 중대성에 기반한 것이든 재무 중대성에 기반한 것이든, 그 사회적 역할을 절대 과소평가할 수 없다. 하지만 지속가능성 공시가 시장에 가져올 파장이나 공시의 시행에 동원될 엄청난 규모의 자원을 생각하면 지속가능성 공시의 설계는 매우 신중해야 한다. 특히, 공시할 항목의 범위는 중대성 문제와 밀접하게 관련된 만큼 더욱 신중하게 설계되어야 한다.

현재 ISSB 기준은 일반 요구사항(S1)과 기후변화 관련 공시(S2)로 구성되어 있다. 세부 주제별 기준은 아직까지 기후변화와 관련된 S2뿐이다. S2 이후에 채택할 기준서가 어떤 항목을 포함할 것인지에 대해 ISSB나 IFRS 재단이 공식적으로 밝힌 바는 없다.[17] 하지만 향후 ISSB 기준은 이미 ESRS가 다루고 있는 10개의 항목(환경오염, 수자원과 해양자원, 자원의 순환, 고용 및 근로자, 지역사회 등)을 다루게 될 것이라는 예측이 일반적이다. 더불어, SASB가 제시한 지속가능성 유니버스에 포함된 다양한 항목(에너지 관리, 연료 관리, 폐기물 관리, 폐수 관리, 노사관계, 다양성 및 포용성, 데이터 보안, 고객 편익 등)도 포함될 수 있으리라 예상된다.

이 항목들은 과거의 자발적 ESG 공시에 포함되어 왔던 다양한 공시 항목들과도 일치하는데, "대부분은 재무 중대성에 기반한 공시" 항목이라기보다는 "사회적 중대성을 전제로 한 공시" 항목들이다.(지난 10년 이상 지속되어 온 자발적 ESG 공시는 이중 중대성을 표방했으나 사회적 중대성에 무게를 둔 GRI에 따른 공시였고, 따라서 대부분의 공시 항목들이 사회적 중대성에 기반한 항목들이다.) 이 같은 사실은 ISSB의 지속가능성 공시가 "투자자들의 요구에 따른 공시이고 재무 중대성에 기반한 재무공시"라는 사실과 충돌한다.

## 재무 중대성에 기반한 공시 항목

지속가능성 공시가 재무 중대성에 기반한 공시라면, 공시 항목에는 주주와 투자자의 요구사항이 반영되어야 한다. 향후 기업의 재무성과에 영향을 미칠 수 있는 중요한 외생변수와 외생변수의 변화가 공시 항목에 모두(또는 충분히) 포함되어야 한다는 것이다.

주주들의 요구를 고려할 때 재무 중대성에 기반한 공시에 반드시 포함되어야 할 항목들을 유형별로 열거하면 다음과 같다(그림 4-2 참조).

- 시장과 소비자
- 기술환경
- 규제환경
- 지구환경
- 안전 및 보안

**그림 4-2** 재무 중대성에 기반한 공시 항목

이 중에서 첫 번째인 '시장과 소비자', 그리고 두 번째인 '기술환경'에 속하는 공시 항목들은 기업의 지속가능성에 절대적인 역할을 미칠 수 있는 사항들이면서, 주주와 투자자에게 매우 절박한 관심의 대상이다. 시장의 변화나 기술의 변화에 빠르게 대응한 기업들이 경쟁에서 살아남고, 그렇지 않은 기업들이 모두 도태된다는 사실을 상기하면 해당 주제에 대한 공시가 기업의 지속가능성에서 얼마나 중요한 사안인지는 부언할 필요가 없다. 하지만 대부분의 지속가능성 공시기준에서 현재 중요하게 다루고 있지 않다.

반면에 '규제환경', '지구환경', '안전 및 보안' 등에 속하는 세부적인 공시 항목들은 현재의 지속가능성 공시 기준에 이미 충분히 반영되었거나 반영될 것으로 기대되고 있다. 기후변화나 생물다양성은 물론 자원의 보호, 산업안전, 정보 보호 등이 모두 이 유형에 속하는 항목이다. 물론 이 항목들 역시 사회적 중대성의 입장이 아니라 재무 중대성을 대표하는 입장에서 정의된 항목이어야 할 것이다.

ISSB 기준이 재무 중대성 기반의 공시기준이 되기 위해 기준 내에 포함해야 할 항목들을 보다 자세히 살펴보자면, 표 4-3과 같다.

**■ 시장과 소비자**

기업을 위협하는 가장 큰 위험 요인은 시장과 소비자의 변화다. 시장의 경쟁구도는 물론이고, 소비자의 취향 변화나 인구

**표 4-3** ISSB 기준에 포함될 공시 항목

| |
|---|
| **시장과 소비자**<br>경쟁구도/ 경쟁자/ 인구구조/ 소비자의 문화/ 국제질서와 지정학 |
| **기술환경**<br>소비자 접근기술(정보통신)/ 제품 및 생산 기술/ 보관기술/ 배송 및 전달 기술/ 환경기술/ 보안기술 |
| **규제환경**<br>시장규제/ 금융규제/ 환경 및 오염 규제/ 폐기물 규제/ 에너지 규제/ 자원규제/ 안전규제 |
| **지구환경**<br>기후변화/ 지질환경 변화/ 환경오염/ 자원고갈 |
| **안전 및 보안**<br>산업안전/ 재난안전/ 정보보안 |

의 구조 변화, 정치나 지정학적인 변화로 인한 글로벌 시장의 변화만큼 기업을 위협하는 변수는 없을 것이다. 최근 경험하고 있는 자유무역 시스템의 퇴조와 공급망의 변화나 선진국을 중심으로 한 인구의 급격한 감소, 오프라인 시장의 붕괴 등이 이 범주에 속할 것이다. 지난 수년간 겪었던 코로나19 팬데믹과 같은 예상치 못한 사태의 발생 역시 시장의 변화로 다루어질 수 있을 것이다.

■ 기술환경

눈부신 기술의 발전은 그것이 생산기술이든 배송 및 전달 기술이든 언제 어떻게 기업의 경쟁구도를 바꾸고 기업이 현재 영위하는 비즈니스의 사업성을 위협할지 모른다. 물론 기술변화에 선제적으로 대응한다면 그로 인한 무궁무진한 기회를 잡을 수도 있다. 투자자들은 무서운 속도로 발전하며 빠르게 시장으로 확산되는 생산 자동화 기술, 에너지 기술, 인공지능은 물론 신물질의 개발과 같은 기술변화와 기업의 대응에 대한 공시를 기대할 것이다.

■ **규제환경**

국가나 정부의 규제는 물론이고 급변하는 글로벌 규제환경은 기업의 생사를 좌우하는 위험이자 기회다. 환경과 자원에 관한 규제, 사회적 규제 등 현행 ESRS 기준에 포함된 ESG 공시 항목들의 대부분이 여기에 해당되며, 법적 규제가 아닌 사회적, 문화적 규제까지 포함된다.

■ **지구환경**

기후변화나 환경오염, 자원의 고갈은 기업을 위협한다. 태풍과 지진 등 재난의 가능성도 기업을 위협한다. 따라서 지구환경의 변화가 기업에 미칠 영향과 이를 피하거나 최소화하기 위한 기업의 전략은 투자자에게 필수적인 정보다.

■ **안전 및 보안**

산업 간 편차는 있을 수 있으나, 기업이나 기업의 고객, 종업원, 자산에 닥칠 수 있는 안전 및 보안 문제 역시 기업의 지속가능성을 위협하는 요인들이다. 사업 현장의 안전을 위협하는 테러나 고객정보 보호를 위협하는 해킹 집단의 확산 등과 같은 정보환경의 여건 변화도 중요한 고려 사항이다. 전쟁의 위험 또한 중대성 판단을 통해 보고에 포함될 수 있다.

## 4-2 공시의 형식

현행 ISSB 공시기준은 TCFD의 프레임워크를 차용하여 공시의 형식을 다음과 같이 정하고 있다.

- 거버넌스
- 위기와 기회
- 대응 전략
- 지표와 목표

이 공식에 따라 제공되는 정보는 지속가능성 항목들이 기업의 재무에 미치는 영향과 그에 대한 대응 전략을 포함한다는 점에서 재무 중대성에 매우 충실한 정보들이다. 하지만 위기와 기회 및 대응 전략이 다음과 같은 세 가지 차원에서 기술된다면 공시의 유용성은 더 높아질 것이다.

■ 비즈니스 모델에 미칠 영향과 대응
■ 인적 자본에 미칠 영향과 대응
■ 물적 자본에 미칠 영향과 대응

특히 ISSB 지속가능성 공시가 시장의 변화나 기술의 변화를 더 충실히 포용하게 될 경우라면 더욱 그러하다. 각 차원에 대해 보다 자세하게 기술하자면 아래와 같다.

**■ 비즈니스 모델에 미치는 영향과 대응**

도·소매를 포함한 유통업의 경우, 정보기술의 발전과 소비자 문화의 변화로 비대면 판매가 확산 중이다. 영화와 공연 산업 역시 위기를 맞고 있다. 상당수의 공연장이 폐쇄되는 반면, 다양한 비즈니스 모델이 새로 등장하고 있다.

지속가능성 항목이 기업에 미치는 영향 중 가장 중요한 것이 비즈니스 모델에 대한 영향인 만큼, 이와 관련된 공시야말로 필수적인 공시가 되어야 할 것이다.

**■ 인적 자본에 미치는 영향과 대응**

인구 감소와 이에 따른 인력 부족, 노령 인구의 증가 등은 인적 자본 의존도가 높은 산업에 중대한 영향을 미친다. 은행 등 금융기관, 서비스업의 콜센터, 유통업의 물류센터 등은 인력의 축소, 대체인력 확보, 조직 재편 등 상당한 정도의 전략적

결정을 내려야 한다. 전쟁이나 국제질서 재편과 같은 지정학적 변화는 첨단 산업의 해외 우수인재 유치에 영향을 미친다.

인력의 손실과 새로운 인적 자원의 유치 및 활용은 기업의 성패를 좌우하는 핵심 요인이므로, 지속가능성 공시에서 인적 자본 관련 공시는 중요한 의미를 가진다.

■ **물적 자본에 미치는 영향과 대응**

유통업에 속하는 많은 기업들은 소비자 요구에 대응하기 위해 지역별 물류센터에 대규모 투자를 진행해 왔다. 기술산업에 속하는 기업들은 리서치 센터와 데이터센터에 대규모 투자를 집행하고 있다. 반면, 정보통신 기술과 결합한 업무 방식의 변화는 사무실의 수요를 급격히 감소시키고 있다. 환경 규제와 폐기물 규제는 생산시설의 해외 이전을 촉진시켰지만, 공급망에 대한 글로벌 규제는 해외 공장의 이점을 더 이상 유지하기 어렵게 만든다.

가중 지속가능성 공시 항목이 물적 자본에 미치는 영향은 막중하므로, 이에 관한 공시는 매우 구체적으로 이루어져야 한다.

## 제5절
## 후속 연구의 기대

지속가능성 공시는 투자자나 주주를 위한 보고가 아닌 이해관계자들을 위한 보고에서 시작되었다. 이중 중대성을 표방한 이해관계자 중심의 자발적 공시가 상당 기간 이어졌다. 하지만 투자자를 중심으로 한 시장의 요구에 따라 지속가능성 공시는 이제 재무보고의 영역으로 진입하게 되었다.

### 제도 정착을 위한 과제

아직은 시작에 불과한 지속가능성 공시가 궤도에 진입하여 안정적으로 정착되기까지는 상당한 시간이 소요될 것이다. 해결해야 할 제도적인 과제와 기술적인 과제들이 산적해 있기 때문이다.

첫 번째 과제는 각국의 제도 정비다. 지속가능성 공시를 의무화해야 한다는 공감대가 형성되었고 공시를 위한 국제적인 공시표준이 마련된 것은 분명하지만, 공시기준의 채택과 공시 의무화가 각국의 법률로 확정되는 데는 시간이 필요하다.

두 번째는 공시를 위한 정보 인프라의 구축이다. 기업은 수없이 많은 지속가능성과 관련된 주제들에 대해 정보를 취합해야 한다. 정보를 취합하기 위해서는 필요한 정보를 선정하고 수집하기 위한 방법론을 설계하는 것도 필요하지만, 구체적인 정보를 수집하기 위한 인프라의 구축이 절대적으로 필요하다. 이 또한 상당한 시간과 자원이 요구된다.

## 무엇을 공시할 것인가

지속가능성 공시와 관련된 장애 요인들은 제도의 정비나 인프라의 구축과 같은 사전 준비에 국한되지 않는다. 제도가 도입되고 지속가능성 공시가 시행된 후 발생할 막대한 비용 역시 지속가능성 공시를 지연시키거나 심지어는 정지시킬 수 있는 중대한 장애물이다.[18] 제도를 유지하고 관리하기 위한 행정 비용이나 공시의 결과 발생하는 분쟁과 조정, 처벌 등에 소요되는 사법적 비용들이 여기에 포함된다.

천문학적인 비용을 지불하고 시행될 지속가능성 공시가 멈추거나, 영구 중단되지 않으려면 철저한 준비가 필요하다. 많은 과제를 해결해야 하지만 공시의 목적과 철학에 관한 기본 입장을 정하는 것만큼 중요한 과제는 없다. 지속가능성 공시의 목적이 무엇이며, 그 이해관계자가 누구인지에 대한 분명한 원칙이 확립되고 이에 대한 사회적인 공감대가 형성되어야 한다. 이와 관련한 광범위한 연구가 지속되기를 기대해 본다.

[Appendix 1]
## 유엔기후변화협약(UNFCCC)의 주요 활동 및 성과

### 교토의정서(Kyoto Protocol, 1997년) 채택

선진국의 온실가스 감축 의무 부여(법적 강제력 있음)
1차 공약기간(2008~2012년), 2차 공약기간(2013~2020년) 운영
선진국만 감축 의무가 있어 한계가 있음(개발도상국 제외)

### 파리협약(Paris Agreement, 2015년) 체결

모든 국가(선진국+개도국)의 온실가스 감축 참여
각국 자발적 감축 목표(Nationally Determined Contributions: NDC) 설정
2050년 탄소중립(Net Zero) 목표 설정
5년마다 감축 목표 상향 조정(Global Stock Take: GST)

### 기후 재정지원 계획

개도국 기후변화 대응 지원을 위한 녹색기후기금(GCF) 조성
선진국이 연간 1천억 달러 이상 지원 목표 설정

### 탄소중립의 실천 계획

탄소배출권 거래제(Carbon Market) 도입 논의

각국이 탄소중립 전략(Net Zero Strategy)을 발표하도록 유도

[Appendix 2]

## SDGs의 17개 목표

### 경제(Economy) 관련 목표

Goal 8. 양질의 일자리와 경제 성장/ 경제 성장과 생산적인 고용 창출

Goal 9. 산업, 혁신 인프라/ 지속가능한 산업화, 혁신 촉진

Goal 12. 지속가능한 소비와 생산/ 친환경적인 생산과 소비 촉진

### 사회(Social) 관련 목표

Goal 1. 빈곤 퇴치/ 전 세계 모든 형태의 빈곤 종식

Goal 2. 기아 종식/ 기아 해결, 식량 안보 및 영양 개선

Goal 3. 건강과 웰빙/ 모든 연령대의 건강 증진 및 복지 보장

Goal 4. 양질의 교육/ 포용적이고 공평한 교육 보장

Goal 5. 성평등/ 성차별 철폐 및 여성 권익 증진

Goal 10. 불평등 감소/ 국가 간 불평등 해소

Goal 11. 지속가능한 도시와 공동체/ 지속가능한 도시 개발 및 주거 보장

## 환경(Environment) 관련 목표

Goal 6. 깨끗한 물과 위생/ 안전한 식수 및 위생설비 보장
Goal 7. 지속가능한 에너지/ 재생에너지 확대 및 에너지 접근성 향상
Goal 13. 기후변화 대응/ 기후변화 대응 및 온실가스 감축
Goal 14. 해양생태계 보호/ 해양생물 보호 및 해양오염 방지
Goal 15. 육상생태계 보호/ 삼림 보호 및 생물다양성 보전

## 글로벌 협력 및 제도 관련 목표

Goal 16. 평화, 정의, 강한 제도/ 정의로운 사회 및 제도 강화
Goal 17. 글로벌 파트너십/ 지속가능발전을 위한 국제협력 강화

[Appendix 3]

# ESG 공시의 프레임워크

## GRI 기준

GRI(Global Reporting Initiative)는 1997년 미국 보스턴에서 설립된 비영리기관이다. 기업들이 환경에 관한 사회적 책임을 다할 수 있도록 촉구하는 메커니즘을 만들겠다는 목적 아래 설립되었다. 그러나 환경을 넘어선 경제성, 사회성, 경영구조의 영역까지 포함하는 지속가능성 보고서가 필요하다는 요구에 따라 이후 지속가능성 보고에 대한 가이드라인을 제정하는 기구로 변화했다.

GRI는 지속가능성 보고를 "조직이 그의 경제적·환경적·사회적 영향과 지속가능한 개발목표에 대한 긍정적 또는 부정적 기여에 대해 공개적으로 보고하는 활동"으로 정의하며, 지속가능발전을 위한 성과를 공개하는 것에 그치지 않고 자신의 책임을 약속하는 활동까지 포함한다고 설명한다.

GRI는 지난 20년 동안 꾸준하게 지속가능성 보고기준을 개발 및 업데이트하고 있다. 2000년 지속가능성 보고서의 첫 가이드라인인 G1을 발표한 후 2002년에는 남아프리카공화국 요하네스버그에서 열린 세계지속가능성발전정상회의(World summit for Sustainable Development: WSSD)를 통해 두 번째 가이드라인인 G2를 공개했다.

2006년 세 번째 버전인 G3를 발표했고, 이어서 2013년 5월 웹 기반의 G4를 발표하면서 가이드라인을 확장 및 개선했고, 2016년 10월에는 지속가능성 보고서의 가이드라인을 넘어선 기준을 공표했다.

GRI 기준은 현재 전 세계적으로 가장 폭넓게 활용되고 있다. 전 세계의 글로벌 기업은 90% 이상이 지속가능성 관련 정보를 공개하는데 그중 72%가 GRI 기준을 적용하고 있다(국제회계사연맹, 2022). 한국 역시 지속가능성 보고서를 발간하는 기업 및 공공기관 중 GRI 기준을 적용하는 기관이 가장 많다.

## SASB 기준

SASB(Sustainability Accounting Standards Board)는 기업이 투자자에게 '재무적으로 중요하고 의사결정에 유용한 정보'를 공개하는 데 사용되는 회계기준을 제정하기 위해 2011년에 설립되었다. SASB의 목표는 ESG 주제 전반에 걸친 산업별 공개 기준을 수립하여 기업과 투자자 간의 커뮤니케이션을 용이하게 하는 것으로, SASB 기준은 다른 지속가능성 정보공개 기준(대표적으로 GRI 등)이 다양한 이해관계자를 주된 정보 이용자로 정의하는 것과 달리 투자자를 주요 정보 이용자로 특정하여 정의한다.

2018년 11월 SASB는 77개의 산업을 포괄하는 산업별 지속가능성 보고기준을 발표했으며 미국 상장회사를 비롯한 다양한 기업이 투자자에게 비재무 정보를 공개하기 위한 주제와 지표로 활용할 것을 권고했다. 2020년 2월에는 SASB 기준을 투자자와의 핵심 의사소통에 포함하고자 하는 기업을 위해 SASB 적용 입문서를 발간했으며, 같은 해 7월에는 SASB와 GRI의 공동 작업계획을 발표했다. 이 계획은 양 기관이 협력하여 두 가지 기준의 상호 보완적 사용 가능성을 기업에게 설명하고, 두 기준에서 생성된 정보의 유사점과 차이점의 이해를 돕는 것을 목표로 한다. 2021년 6월 SASB는 IIRC(국제

통합보고위원회)와 합병하여 VRF(가치보고재단)를 설립했다.

2022년 8월 VRF 재단은 IFRS 재단에 합병되었고, 합병 이후에도 77개 산업별 기준을 개선하고 있다.

### TCFD 권고안

TCFD(Task Force on Climate-related Financial disclosures)는 전 세계의 기업 및 기관들이 기후변화 관련 정보 공시를 촉진하기 위해 결성한 글로벌 협의체다. 2015년 국제기구인 G20의 요청에 따라 금융안정위원회의 주도하에 설립되었다. TCFD는 위험관리 관점에서 기후변화가 기업에 미치는 영향을 기업 경영과 의사결정에 체계적으로 반영하도록 하고 체계적인 대응의 촉진을 조직의 목표로 하고 있다. TCFD는 2017년에 TCFD 기후 관련 재무공시 권고안(이하 TCFD 권고안)과 함께 TCFD 권고안의 적용 지침을 발표하여 기후변화 정보 공시기준을 구체화했고, 이후 2021년 10월에는 적용 지침을 개정 보완했다.

TCFD는 기후변화 정보를 투자자 등 이해관계자들이 쉽게 접근할 수 있는 보고서 형태로 공시하도록 기업에게 권고하고 있으며, 보고서는 지배구조, 전략, 위험관리, 지표 및 목표 네 가지 주제로 구성할 것을 권고한다.

첫째, 지배구조는 기업의 최고의사결정기구가 기업 경영과 산업 활동에 기후변화가 미치는 위험과 기회를 어떻게 관리하고 감독하는지, 이러한 위험과 기회를 평가 및 관리할 책임이 있는 경영진(C-Level)과 조직은 어떠한지에 대한 정보를 요구한다.

둘째, 전략은 기후변화로 인한 단기 또는 중장기적인 환경변화가 기업의 영업 전략이나 재무 계획 등에 미치는 영향을 어떻게 분석 및 공시하고 있는지, 지구 온난화 시나리오에 따른 기후변화가 경영 전략에 어떤 변경을 초래하거나 연관성이 있는지에 대한 기업의 분석 현황을 공시하도록 요구하고 있다.

셋째, 위험관리는 위험과 기회 차원에서 기후변화가 기업에 미치는 영향을 분석 및 관리하는 기업 내부 프로세스에 대한 정보 공시를 요구한다. 더불어 이러한 프로세스가 기존의 기업 위험관리 체계에 어떻게 통합되어 있는지를 다룬다.

넷째, 지표 및 목표는 기후변화 관련 위험과 기회를 평가 및 관리하기 위한 정서적 또는 정량적인 지표가 무엇이며, 이러한 지표들의 관리 목표와 이행 성과에 대한 정보 공시를 요구하고 있다.

[Appendix 4]
# ISSB의 출범 배경

국제회계기준재단(IFRS Foundation)는 여러 이해관계자들의 요청으로 지속가능성 공시기준을 제정하게 된다.

## 주요 이해관계자의 요청

공시기준 마련을 촉구한 주요 주체는 다음과 같다.

■ **국제증권감독기구(IOSCO)**

IOSCO는 글로벌 자본시장의 투명성과 효율성을 높이기 위해 IFRS 재단이 지속가능성 공시기준을 마련해야 한다고 강조함. 특히 투자자 보호 및 시장 신뢰를 높이기 위한 공시기준이 반드시 필요하다고 주장함.

■ **G20 및 G7**

2020년과 2021년 G20 정상회의 및 G7 회의에서 각국 정부와 금융당국은 IFRS 재단이 지속가능성 공시기준을 개발할 것을 권고함. G20 재무장관 및 중앙은행 총재들은 ESG 정보의 비교 가능성과 신뢰성을 확보하기 위해 단일한 국제표준이 필요하다고 촉구함.

■ **세계경제포럼 및 주요 기관 투자자들**

세계경제포럼(WEF) 및 대형 글로벌 투자기관(예: BlackRock, Vanguard 등)은 기업의 ESG 공시가 통일된 기준 없이 분산되어 있어 투자자들이 비교하기 어렵다는 점을 지적하며, IFRS 재단이 표준을 만들어야 한다고 요청함.

■ **금융 규제기관 및 중앙은행**

영국 금융감독청(FCA), 유럽증권시장청(ESMA), 미국 증권거래위원회(SEC) 등 글로벌 금융 규제기관들은 통합된 지속가능성 공시기준이 필요하다고 강조함.

■ **기업 및 회계 업계(Big4 포함)**

글로벌 회계법인들도 기존 지속가능성 보고기준(GRI, SASB, TCFD 등)이 혼재된 상태에서는 기업과 투자자 모두 부담이 크다고 지적하며, IFRS 재단이 표준을 제정해야 한다고 주장함.

## ISSB(국제지속가능성공시기준위원회) 출범

2021년 11월, IFRS 재단은 ISSB를 공식 출범함. ISSB는 기업의 지속가능성 공시에 대한 단일한 국제기준의 제정 역할을 맡게 됨.

## ISSB 공시기준의 제정

2023년 6월 첫 번째 기준인 IFRS S1(일반 지속가능성 공시) 및 IFRS S2(기후 관련 공시)를 발표함.

## 주

1 ISSB S1 기준서에서 해당 기준서에 따른 지속가능성 공시의 목적이 일반목적 재무보고서의 정보 이용자임을 명시하고 있다.("In the context of sustainabilityrelated financial disclosures, information is material if omitting, misstating or obscuring that information could reasonably be expected to influence decisions that primary users of generalpurpose financial reports make on the basis of those reports, which include financial statements and sustainabilityrelated financial disclosures and which provide information about a specific reporting entity.")

2 "Sustainable development is development that meets the needs of the present without compromising the ability of future generations to meet their own needs."

3 참고자료: Appendix 1 유엔기후변화협약(UNFCCC)의 주요 활동 및 성과

4 참고자료: Appendix 2 SDGs의 17개 목표

5 참고자료: Appendix 3 ESG 공시의 프레임워크

6 참고자료: Appendix 4 ISSB의 출범 배경

7 SASB는 ESG 공시기준이며, 단일 중대성 기반의 기준이다.

8 ESRS는 지속가능성 공시기준이며, 이중 중대성 기반의 기준이다.

9 ISSB는 Building Blocks Approach에 따라 연속적인 지속가능성 공시기준서를 제정 중이며, 2025년 8월 기준 일반목적 지속가능성 공시기준서인 S1과 기후변화 공시기준서 S2가 제정된 상태다.

10 실제로는 상당한 정도의 이중 중대성 공시를 요구하고 있다.

11 ISSB 기준은 단일 중대성을 택하고 있고, ESRS는 이중 중대성을 택하고 있지만 어느 경우든 재무 중대성에 따른 정보 공시는 필수적이다.

12 단일 중대성을 지지하는 입장은 지속가능성 공시의 정보 이용자가 주주나 투자자임을 전제로 하고 있다.

13 이중 중대성을 지지하는 입장은 지속가능성 공시의 이용자가 주주나 투자자뿐만 아니라 각종 이해관계자, 즉 소비자와 근로자, 지역사회 규제기관, 공급망에 속하는 기업들까지 포함됨을 전제로 하고 있다.

14 SASB 개념체계 그 위원회의 핵심 목적 참조.

15 SASB는 공시 대상이 되는 주제를 식별할 때 해당 주제가 (1) 기업가치에 영향을 미치는지, (2) 투자자가 관심을 갖는 주제인지, (3) 투자자와의 합의가 있는지를 고려했다고 서술한다.

16 재무 중대성과 기준의 불일치 참조.

17 2025년 8월 기준, S3이 생물다양성을 다룰 것이라는 사실만 확인되고 있다.

18 우선, 제도의 준수(Compliance)에 소요되는 막대한 비용이 제도의 시행을 어렵게 만들 수 있다. 자료의 취합과 선별, 그리고 보고 과정에서 상당한 원가가 발생할 수 있기 때문이다. 또한 공시의 형식이나 내용에 오류·착오가 발생했을 경우, 그로 인한 비용도 예상을 뛰어넘을 수 있다. 잘못된 공시를 번복하는 데 드는 비용뿐 아니라, 이에 따른 이해관계자와의 마찰 및 사후적인 보상 역시 상당한 규모에 이를 것이다.

# 에필로그

오랫동안 회계 산업에서 활동해 온 필자가 회계 인프라를 책임지고 있는 한국회계기준원에서 일하고 연구할 수 있었던 것은 커다란 행운이었습니다. 처음 시작할 때는 많이 생소했고 서툴렀지만 여러분들의 도움을 받아 극복할 수 있었습니다. 금융위원회, 금융감독원, 한국공인회계사회와 한국회계학회의 여러분께서 아낌없는 지원을 해 주셨고 그에 힘입어 좋은 성과를 낼 수 있었습니다.

회계기준의 제정 및 개정과 함께 15개의 연구서를 만들어 냈고 질의 회신제도의 개편, 중소기업지원센터의 개설 등 회계기준의 빠른 정착에 도움이 되는 여러 제도들을 도입할 수 있었습니다. 폭넓은 국제 활동을 할 수 있었고 새로운 위원회를 설치하여 지속가능성 기준을 제정할 수 있게 되었습니다. 하지만 필자에게 이들 성과 이상으로 중요했던 것은 그간의 활동을 통해 얻은 배움과 깨달음입니다. 경제 환경이 바뀌고 자본시장의 구조와 질서가 변하고 있지만 회계 인프라는 그렇지 못하다는 깨우침입니다.

이 책은 필자의 이런 개인적인 깨달음으로 시작되었습니다. 필자는 오랫동안 논의가 이루어지고 있지만 쉽게 출구를 찾지 못하는 과제들을 선택했습니다. 그리고 이 과제를 중심으로 시장 참여자들의 기대와 현행 회계 인프라 간의 갈등이 무엇인지, 그리고 그 갈등을 해소할 수 있는 방법이 무엇인지 실마리를 찾고자 노력했습니다.

하지만 아쉽게도 필자는 이 책에서 완성된 답을 제시하지 못했습니다. 문제의 본질이 무엇인지 짚어보려는 노력에 그쳤습니다. 그래도 필자는 만족합니다. 완성에 대한 책임을 젊은 연구자들께서 맡아 주시리라는 믿음 때문입니다.

책의 내용 중에는 필자의 오해나 사실 관계의 오류, 논리의 비약 등이 있을지 모릅니다. 독자 제위의 너그러운 양해를 구하며 책을 마무리합니다.

## 참고문헌

Accounting Standards Board of Japan(ASBJ). 2019. *Should goodwill be amortized?* https://www.asb.or.jp/en/wp-content/uploads/2020_dp_goodwill_amortization_en.pdf

Amel-Zadeh, A. and G. Meeks. 2020. "Goodwill impairment: The usefulness of corporate write-downs." *Accounting and Business Research*, 50(5): 467~499. https://doi.org/10.1080/00014788.2020.1712253

ARB No.40. 1950. *Business Combinations*.

ARB No.48. 1957. *Business Combinations: Summary and Comments on Reports and Recommendations*.

Asian Development Bank. 2012. *World sustainable development timeline* [PDF]. Retrieved from https://www.adb.org/sites/default/files/publication/29664/world-sustainable-development-timeline.pdf

Bloomberg. 2025. *Global Market Capitalization Summary—Year-End 2024*. Bloomberg Terminal.

Bone, R. G. 2006. "Hunting goodwill: A history of the concept of goodwill in trademark law." *Boston University Law Review*, 86: 547~582.

Bureau of Economic Analysis. 2014. *Preview of the 2013 comprehensive revision of the National Income and Product Accounts*. U.S. Department of Commerce. https://www.bea.gov/news/2013/national-income-and-product-accounts

CEIC Data. 2024. *United States GDP and investment ratio, 2019-2023* [Dataset]. CEIC Global Database.

Corrado, C., C. Hulten and D. Sichel. 2005. "Measuring capital and technology: An expanded framework." In C. Corrado, J. Haltiwanger and D. Sichel(Eds.). *Measuring Capital in the New Economy* (pp.11~46). University of Chicago Press.

Corrado, C., C. Hulten and D. Sichel. 2009. "Intangible capital and U.S. economic growth." *Review of Income and Wealth*, 55(3): 661~685.

Courtis, J. K. 1983. "Business goodwill: Conceptual clarification via accounting, legal and etymological perspectives." *Accounting Historians Journal*, 10(2): 1~38. https://www.jstor.org/stable/40697820

European Commission. 2020. *Intellectual Property Rights*.

European Commission. 2023.6.9. *Questions and answers: European sustainability reporting standards(ESRS)*. https://ec.europa.eu/commission/presscorner/detail/en/qanda_23_4043

European Commission. 2025.2.26. *Commission proposes to cut red tape and simplify business environment*. https://commission.europa.eu/news-and-media/news/commission-proposes-cut-red-tape-and-simplify-business-environment-2025-02-26_en

European Commission, DirectorateGeneral for Financial Stability, Financial Services and Capital Markets Union. 2025.4.1. *Omnibus simplification package: Simplifying corporate sustainability reporting and due diligence*. https://finance.ec.europa.eu/news/omnibus-package-2025-04-01_en

European Financial Reporting Advisory Group(EFRAG). 2020. *Goodwill impairment test: Can it be improved?* https://www.efrag.org/Assets/Download?assetUrl=/sites/webpublishing/Project%20Documents/1906171102284731/DP%20Goodwill%20Impairment%20Test.pdf

Financial Accounting Standards Board(FASB). 2001. *Statement of Financial Accounting Standards No. 141: Business combinations*. Norwalk, CT: FASB.

Financial Accounting Standards Board(FASB). 2001. *Statement of Financial Accounting Standards No. 142: Goodwill and other intangible assets*. Norwalk, CT: FASB.

Financial Services Agency. 2025. *Sustainability information disclosure in securities re-*

*ports*. Financial Services Agency, Government of Japan.
https://www.fsa.go.jp/policy/kaiji/sustainability-kaiji.html

Glaum, M., W. R. Landsman and S. Wyrwa. 2018. "Goodwill impairment: The effects of public enforcement and monitoring by institutional investors." *The Accounting Review*, 93(6): 149~181.
https://doi.org/10.2308/accr-52056

GOV.UK. 2024.1.16. *UK sustainability disclosure standards*.
https://www.gov.uk/guidance/uk-sustainability-reporting-standards

Haskel, J. and S. Westlake. 2017. *Capitalism without capital: The rise of the intangible economy*. Princeton University Press.

Horngren, C. T., G. L. Sundem and J. A. Elliott. 2013. *Introduction to Financial Accounting*(11th ed.). Pearson.

IFRS Foundation. 2020.9.30. *IFRS Foundation trustees consult on global approach to sustainability reporting*.
https://www.ifrs.org/news-and-events/news/2020/09/ifrs-foundation-trustees-consult-on-global-approach-to-sustainability-reporting/

IFRS Foundation. 2021.2.2. *Trustees announce strategic direction based on feedback to sustainability reporting consultation*.
https://www.ifrs.org/news-and-events/news/2021/03/trustees-announce-strategic-direction-based-on-feedback-to-sustainability-reporting-consultation/

IFRS Foundation. 2024.4.25. *ISSB to commence research projects on risks and opportunities related to nature and human capital*. IFRS.
https://www.ifrs.org/news-and-events/news/2024/04/issb-commence-research-projects-risks-opportunities-nature-human-capital/

International Accounting Standards Board. 2017. *Accounting policies and accounting estimates: Proposed amendments to IAS 8 (Exposure Draft ED/2017/5)*. IFRS Foundation.
https://www.ifrs.org/content/dam/ifrs/project/accounting-policies-and-estimates/ex

posure-draft/amendments-to-ias-8-accounting-policies-and-estimates-ed.pdf

International Accounting Standards Board. 2021. *Definition of accounting estimates: Amendments to IAS 8*. IFRS Foundation.

International Sustainability Standards Board. 2021.11.3. *IFRS Foundation announces International Sustainability Standards Board, consolidation with CDSB and VRF, and publication of prototype disclosure requirements*. https://www.ifrs.org/news-and-events/news/2021/11/ifrs-foundation-announces-issb-consolidation-with-cdsb-vrf-publication-prototype-requirements/

International Sustainability Standards Board. 2023. *IFRS S1: General requirements for disclosure of sustainability-related financial information*. IFRS Foundation. https://www.ifrs.org/content/dam/ifrs/publications/pdf-standards-issb/english/2023/issued/part-a/issb-2023-a-ifrs-s1-general-requirements-for-disclosure-of-sustainability-related-financial-information.pdf

Johnson, L. T. and K. R. Petrone. 1998. *Is goodwill an asset?* Norwalk, CT: Financial Accounting Standards Board. Retrieved from https://papers.ssrn.com/sol3/papers.cfm?abstract_id=143839

Kieso, D. E., J. J. Weygandt and T. D. Warfield. 2020. *Intermediate Accounting*(17th ed.). Wiley.

KPMG. 2022. *Goodwill impairment: IFRS standards compared to US GAAP*. Retrieved from https://kpmg.com/us/en/articles/2022/goodwill-impairment-ifrs-standards-us-gaap.html

Kuribayashi, Y., Y. Toyoda and K. Mochizuki. 2025. *Directors' duties regarding climate change in Japan: 2025*. Commonwealth Climate and Law Institute. https://commonwealthclimatelaw.org/wp-content/uploads/2025/04/CCLI_DirectorsDutiesRegardingClimateChangeinJapan2025.pdf

Kuznets, S. 1941. *National income and its composition, 1919-1938*(Vols.1-2). National Bureau of Economic Research.

Li, Z., P. K. Shroff, R. Venkataraman and I. X. Zhang. 2011. "Causes and conse-

quences of goodwill impairment losses." *Review of Accounting Studies*, 16(4): 745~778.
https://doi.org/10.1007/s11142-011-9156-5

Mattessich, R. 2003. "Accounting representation and the onion model of reality: A comparison with Baudrillard's orders of simulacra and his hyperreality." *Accounting, Organizations and Society*, 28(5): 443~470.

Ocean Tomo. 2020. "Intangible Asset Market Value Study".

OECD. 2011. *Measuring investment in intangible assets: A feasibility study*. OECD Publishing.

OECD. 2013. *Supporting investment in knowledge capital, growth and innovation*. OECD Publishing.

Organisation for Economic Co-operation and Development. 2013. *Supporting investment in knowledge capital, growth and innovation*. OECD Publishing.

Ramanna, K. and R. L. Watts. 2012. "Evidence on the use of unverifiable estimates in required goodwill impairment." *Journal of Accounting and Economics*, 53(3): 360~381.
https://doi.org/10.1016/j.jacceco.2011.10.006

Restatement (Third) of Unfair Competition § 46. 1995. American Law Institute.

Reuters. 2024.5.28. *Momentum building behind global company climate disclosures, standards body says*.
https://www.reuters.com/business/environment/momentum-building-behind-global-company-climate-disclosures-standards-body-says-2024-05-28/

Statista. 2025. *Total market capitalization of listed companies worldwide from 2003 to 2024*.
https://www.statista.com

U.S. Internal Revenue Code, 26 U.S.C. § 197. 2021. *Amortization of goodwill and certain other intangibles*.
Retrieved from https://www.law.cornell.edu/uscode/text/26/197

United Nations. 2006. *Principles for responsible investment*. United Nations. https://www.unpri.org/download?ac=10948

United Nations Conference on Trade and Development. 2023. *World investment report 2023: Investing in sustainable development*. United Nations. https://unctad.org/system/files/official-document/wir2023_ch03_en.pdf

United Nations Global Compact. 2004. *Who cares wins: Connecting financial markets to a changing world*. United Nations. https://d306pr3pise04h.cloudfront.net/docs/issues_doc%2FFinancial_markets%2Fwho_cares_wins.pdf

United Nations, European Commission, IMF, OECD and World Bank. 2009. *System of National Accounts 2008*. United Nations Publications.

United States Code. n.d. *Title 35—Patents, Title 17—Copyrights, Title 15—Trademarks, Title 18—Trade Secrets*.

United States v. Troendle, 614 F.3d 1047 (8th Cir.) 2010.

World Commission on Environment and Development. 1987. *Our common future*. Oxford University Press.

World Federation of Exchanges. 2025. *WFE Market Highlights 2024*.

연합뉴스. 2016.6.16. 「대우조선 분식회계, 총 예정원가 줄이는 '분모 조작'」. https://www.yna.co.kr/view/AKR20160616070500008

## 지은이 _ 김의형

서울대학교에서 경제학을 전공했고 동 대학원에서 재무관리로 학위를 받았다.

한국은행에 잠시 재직했고 이후에는 줄곧 재무와 전략컨설팅 분야에서 활동했다. 삼일회계법인 대표와 PwC컨설팅 대표를 지냈다.

2017년부터 6년간 한국회계기준원의 원장으로 재직하며 재무회계기준과 지속가능성 공시기준의 제정을 총괄했고 동 기간 중 5년간은 국제회계기준자문포럼(ASAF)의 일원으로 런던을 오가며 국제회계기준의 제정에도 깊이 관여했다.

금융위원회, 공정거래위원회, 국세청 등 정부기관을 위한 자문을 계속해 왔고 현재는 사단법인 한국지속가능성인증포럼의 회장을 맡고 있다.

한울아카 2624

# 회계의 새로운 지도

시장의 기대와 해법의 탐색



지은이 **김의형**
펴낸이 **김종수**
펴낸곳 **한울엠플러스(주)**
편 집 **배소영**

초판 1쇄 인쇄 **2025년 12월 23일**
초판 1쇄 발행 **2025년 12월 30일**

주소 **10881 경기도 파주시 광인사길 153 한울시소빌딩 3층**
전화 **031-955-0655**
팩스 **031-955-0656**
홈페이지 **www.hanulmplus.kr**

등록번호 **제406-2015-000143호**
Printed in Korea.

ISBN **978-89-460-8410-0 03320 (양장)**
**978-89-460-8414-8 03320 (무선)**

* 가격은 겉표지에 표시되어 있습니다.